功能性意象訓練

成功無僥倖，實現目標的科學實證法

喬安娜·格羅佛 Joanna Grover, LCSW
強納森·羅茲 Jonathan Rhodes, PhD ——著
黎仁雋——譯

THE CHOICE POINT

The Scientifically Proven Method to Push Past Mental Walls and Achieve Your Goals

Contents

Contents

Contents

PART 2 重新想像目標

Contents

Contents

PART 3 超越

Contents

推薦序

用意象克服逆境，完成目標

瑪蒂娜・娜拉提洛娃

我們腦中的意象具有驚人的影響力。我首度贏得溫布頓網球公開賽時，並非第一次體驗手捧冠軍獎盃的感覺。多年來，我就一直想像自己捧起這項賽事的金盃。在我很小的時候父親就說：「妳總有一天會贏得溫布頓冠軍」，自此播下種子。我相信他，但話說回來，當時我還只是小四的年紀，對這個世界又懂什麼呢？

我不曉得自己的旅程會怎樣，但明白我會有一個遠大的未來。溫布頓是這麼具代表性的意象，我可以將它牢牢留在腦海裡。因此，我會：

想像贏得賽末點

想像擊出精采好球

想像奪得冠軍獎盃

手捧金盃
親吻金盃
將它高舉過頭

這些意象深深印在我的腦海中，我有了方針和目標。我和大多數運動員一樣，是目標導向的人。很幸運的，我也非常有自信。我總覺得自己能和任何人匹敵，可以參加任何想從事的運動競賽。因爲熱愛，我選擇了網球。踏上球場的那一刻，我就像回到家一樣。我一直熱愛網球，如果能在球賽中獲勝，那該有多好啊？沒有人硬逼我打球，甚至剛好相反。到了訓練時間，我都是第一個衝出家門、步上球場的人。

我五歲時，常常接連好幾個小時對著牆壁擊球，超喜歡的！要曉得，當時可沒有智慧型手機和社群媒體。我從不覺得無聊，而且不管多麼艱苦或單調，我也不介意爲了變得更好必須去做的每件事。訓練是整個過程的一部分，就連痛苦都是。我不會只是嘗到甜頭之後就想離開訓練中心，因爲冠軍不是這樣鍛鍊出來的。對於要做的艱苦訓練，我不會只挑揀自己想做的部分來做，而是全心全意做完全部的訓練。遇到敬重的教練，我就會認眞傾聽，也做好功課。

你心裡可能暗自在說：說得倒輕鬆，妳可是娜拉提洛娃。沒錯！但我也曾是個無足輕重的青少女，在前往布拉格的火車上，背著書包、網球袋，懷著遠大的夢想。當時一名陌生人問我：「爲什麼帶這麼多網球拍？」我說自己打網球，而且暗自相信，有朝一日，別人不會再問我這個問題。

如果你決定追尋自己的夢想，很有可能會遭遇逆境的考驗。重要的是，要有一個無人能觸及的內在指南針，評論家碰不得，受歡迎的對手也不行。我的人生目標是獻身人權、信守公正，以及承襲自坦率雙親的價值觀。在網球場上贏得的名聲，使我能利用自己的平台暢所欲言，或許還能改變有些人抱持的偏見。

很顯然，我並不完美。但犯錯時，我會學習並適應不同情況。這是打網球時必須做的事。它教會我許多有益於人生的教訓。

在球場上，我要正視自己的緊張和接連不斷的「萬一」。下了球場，我必須克服許多挫折，包括媒體評價與社會輿論。我輸球時，媒體下的標題字級都比贏球時來得大。那個年代不像今天，球員無法在社群媒體上與粉絲建立聯繫。我的職業生涯一直陷在拉鋸戰中：在異國，我因球技而受到歡迎，又因性取向而遭受排拒。然而，儘管有來自媒體的社會壓力，但我從未迷失自己。除了繼續前進，我在腦海及內心深處都知道，自己走在時代的前端。我是一個堅強、直率且肌肉發達的女同志。我相信總有一天世界會理解，也確實如此。

正如強納森和喬安娜在書中所傳授的，知道自己的「爲什麼」，了解內心的信念體系，並連結到自己的道德指南針，這一切都會在逆境襲來時幫助你。在這些時刻，我鼓勵你尋找一種方法，不要被慣例嚇倒，找到自己的路。另外，我要花點時間直接對可能正在閱讀本書的女性運動員說。如果你是女運動員，了解自己的**價値**與**價値觀**比以往任何時候都更必要。社群媒體縱容了人們的惡毒，女性要應對這一點尤其困難，因爲我們很容易關注負面訊息。惡意評論很容易被內化，一顆懷疑的種子不費吹灰之力就能在你腦海中變成一棵橡樹。

有一位作家、也是知名的網球記者曾告訴我，當有機會拿下比賽勝利的發球局時，我卻很難結束比賽。他的話有好一陣子在我的腦海裡揮之不去，但我從未跟他說這件事。他的評論並非經常在我內心浮現，但在大多數我有機會拿下勝利的發球局時，就會突然迸出來，我都得和它奮戰。我根本不知道他說的是不是眞的。那時，我們不像今天能看到統計數據。我無法查詢，也無從得知這是否眞的是自己在比賽中薄弱的環節。我只能抱著懷疑，而這樣就足以造成我偶爾對擊球考慮過多。這就是爲什麼我告訴運動員不要看關於自己的訊息。我用行動克服了這個心理障礙。

在我還是選手時，我們還沒有運動心理諮詢老師。我眞希望當時能有一些工具，讓我們在比賽中重新進入正面的狀態。不過現在的我們就有這樣的工具，最棒的是，它們就在自己手中。喬安娜和強納森在本書裡提供了一些工具，例如：開發提示來重置思維，幫助你克服逆境，然後全心完成對自己來說很重要的目標。

這些工具是以「功能性意象訓練」（FIT）爲根基，喬安娜和強納森可說是這個領域的頂尖專家。我在球場上使用意象，但在球場外也同樣有效。當我看見茱莉亞（Julia Lemigova）的面容時，就曉得自己這一生都想看著這張臉。我們在婚姻及撫養小孩方面經歷了一些艱難時期，但我持續不斷地回想這個意象。

本書的主軸就是先找到**自己**，也就是你的價值觀和目標，然後用意象將它們付諸行動。我人生最大的價值觀是公正，它是我的北極星，幫助我在世界上遊走。體現這點的一種方法，就是讓自己身邊圍繞著擁有共同價值觀、志趣相投的朋友。遇見喬安娜時，我信任她，因爲她是一名治療師，我相信她會對我分享的內容保密。我們還共同努力要打造一個更公正的世界，曾經一起爲邁阿密的年輕選民進行登記，爲LGBT權利參加相關會議及募款活動。她是我尋求建議和諮商的好朋友。每次，她都帶著平靜且令人安心的聲音到來。所以，我有絕對的信心，她在本書提供的資訊和建議，會在你的生活中產生助益。

無論你的夢想是什麼，我希望你花時間盡情地想像它。將那顆渴望達到目標的種子變成一棵橡樹，無論在網球場上（或者無論在你的任何賽場），還是你的個人生活中，相信你能成爲更好的自己。我希望有一天，你有能力回顧自己的人生、事業及傳承，然後說：「我忠於自己，盡最大努力改善自己、家庭、朋友和共同經營的社群。」還有什麼能比這更重要的呢？

（本文作者爲前職業網球運動員和教練，有網壇「女金剛」與「長青樹」之稱）

推薦序

人生一切改變，就從改變意象開始

愛瑞克

人們的心態決定了選擇，選擇決定了行爲，行爲累積成爲習慣，而大大小小的習慣就構成了我們一生的樣貌。別小看一個人的心態，只要在這個源頭的地方有一點小小的差別，經過長時間的發展，都可能對一個人的生涯結果產生巨大的差異。有如《聖經舊約．箴言》所說：「你要保守你心，勝過保守一切，因爲一生的果效是由心發出。」

有關意象對人們的情緒與行爲的影響，有愈來愈多的學術研究與實驗持續在驗證其果效，而此書即是奠定在科學研究的基礎之上，進而發展出一套能夠具體應用在人們生活中，可以促成改變、達成目標的方法和工具。

比如第 1 章所提到「學會掌控自己的注意力，同時聚焦於對自己重要的事」呼應了當今許多傑出人士所強調的專注力，以及成功學經典著作《與成功有約》所說的「要事第一」。此書獨到之處，不僅提供了相當足量的科學研究與數據佐證，更對於應用的方法有相當詳細的說明，令人信服，是此書能夠在眾多心理勵志及成功學相關書籍中脫穎而出的主要優勢。以上的優勢串穿了整本書，即便我是一年閱讀一千本書的大量閱讀者，此書讓我讀來感到驚嘆！

兩位作者創辦了一家名爲「意象訓練」（Imagery Coaching）公司，開辦了國際訓練課程，而且已諮商過《財星》五百大企業的主管、企業家、職業運動員、急救人員、護理師、教師、學生、教練、教育機構，以及軍隊的菁英。此書即是他們將實務經驗轉化爲文字的形式，幫助更多一般民眾也能受惠於他們的這一套方法，用來改變不好的陋習、達成自己渴望的轉變與各種目標。

我相信，只要你按照書中的方法，確實執行，一定會明顯感受到其成效。我曾經幫助過不少陷入人生困境的讀者們走出谷底，所使用的方法也與此書所談ＦＩＴ不謀而合。因爲人生一切改變，就從改變意象開始。此書更將ＦＩＴ進化發展成爲ＳＬＡＰＰ、ＡＩＭ，雖然相對複雜，但更能達成具體成效，對於擔任教練或商業諮詢顧問的人士來讀，將受益匪淺。

（本文作者爲ＴＭＢＡ共同創辦人、《內在原力》系列作者）

推薦序

意象是通抵重整自我的庇護所

洪紫峯

「我們現在坐在一個環面玻璃帷幕的房間，裡頭擺滿各式各樣妳喜歡的玩物，還有幾位妳深愛的人舒服地躺臥在妳精心擺設的沙發上。」

她閉著眼，我輕輕說。

「外頭颳著大風、下著大雨，我們能安穩地在房間裡透過帷幕看見一切，但是不致受到侵擾。外頭還有台突兀的電視機，小小的螢幕上正播放著曾經困擾著妳的心事。」

我留意到她深深吸了一口氣。爲此，我稍作停留……

「但，現在它已不屬於妳了。只是電視機裡反覆播放的記事。眞正屬於妳的，只有房間裡的一切，和我們。」

當初我收到出版社邀請推薦此書時，我並沒有立即回覆。

主因是——

雖然我是一名全職運動心理諮詢師，專門協助國家隊及職業隊選手進行心理訓練，但我很討厭教條化的引導！也始終相信運動員能夠來到最高殿堂，基本上都已具備相當了得的心理素質及心理能力！

我期許自己的工作是和運動員一起探尋卡關的原因，而不是賣弄學問，把幾件本該單純的事搞得極其複雜；更不是攫著「失敗」，以高姿態指責失利者心態不佳。

曾經，「意象」在我的印象裡，就是一種生硬又僵化的策略；有時也會是一種鑑別運動員心理能力的指標。直到我在本文一開頭分享的一次互動——在沒有刻意安排下，我和合作對象直覺地在彼此內心搭起雙方都得以參與的心靈空間。我才深刻覺得，「意象」並不屬於運動心理領域特有，也不是只有要拿出專業表現的人才需要學會的技巧；它是我們全人類共有的本領，只要能有意識地看見它、善用它——閉上眼，我們瞬間就能穿透現實，通抵重整自我的庇護所。

本書提供了許多實證技巧，也許對第一次接觸到此概念的人讀來艱澀，但不必因此感到挫折；或者認爲自己非得啃完所有公式，才能透析如何使用意象。

跟隨你／妳的心走！

這才是所有希望透過此書「學會照料、提升自我」的人，最最重要的節奏！

（本文作者爲國家隊與職業隊運動心理諮詢師）

推薦序

把意象訓練納入意識裡，構築更強大的行為力量

鄭匡寓

達爾文說過：「在心智上，人類和其他高等動物之間的差異，至多僅是程度，而非本質。」這句話的意思是，人類擁有最高程度的心智能力，譬如想像能力，這也是人與動物最大的差異之一。

談起心智的想像力，甚至是更高程度的功能性意象訓練，多半將之視爲運動員的心理技巧。但這樣的能力不是只有運動員才應該有，而是每個人都可以習得並反覆練習，譬如漫威英雄奇異博士史傳奇在電影《復仇者聯盟：無限之戰》中，只是幾分鐘時間就目睹了一千四百萬種可能，這就是意象訓練的功能展現。然而，意象訓練不是要人們看見失敗，而是要洞察如何成功。

曾聽過鋼琴家分享，他在演出前會先坐在觀眾席，用觀眾視角去想像自己在舞台上

的演出模樣，而後再用個人視角，去想像自己演繹曲子的動作與呼吸節奏。我問他，所以你每次演奏曲子都很成功嗎？

「大部分都成功，」他聳肩回應道：「但即使是微小的失誤，也沒有人能看得出來。」對鋼琴家來說，演奏追求成功是必然，而最高等級的演出，唯一能做的就是處理細節、盡可能糾錯。

有人看完本書或許會認爲，功能性意象訓練和心流很相似，但兩者有本質上的差異。心流意指你處理過程的當下狀態，而功能性意象訓練則是促進劑，是上游，是前驅物，幫助你在意識上糾錯、找到最經濟、正確的規則與遞進過程。做好功能性意象訓練，就能讓你心在當下，迅速進入心流狀態，並且在潛意識裡避開可能的細節錯誤，甚至多角度考量之後做出最好的決策。

腦神經科學家說，書寫是心智再思考的產物，而行爲是順應情境的直覺行動，不一定經過心智的批判與邏輯推理，譬如看見孩子落水就直覺要救護，聽見身邊有危險就會直覺避難。科學家提醒我們，不只是接受外部資訊，更要從內部提煉思考與想像。功能性意象訓練不是幫助你趨利避害，而是將你從彎曲歪斜的小徑上，導向正確的方向。

向你推薦《功能性意象訓練：成功無僥倖，實現目標的科學實證法》這本書，因爲意象是人們非常需要、卻偶爾想到才用的心智模式，透過這本書把意象訓練納入意識裡，進而構築更強大、減壓的行爲力量。

（本文作者爲《動一動don1don》總編輯、跑者、寫字的人）

好評推薦

擁有超過二十年的心理服務經驗的我，時常指導選手利用心理技能協助臨場發揮，成爲日常訓練的一部分，使用意象提升信心與專注力、促進表現、放鬆紓壓、傷後復原是每個人的必備工具。若想探索意象的應用知識，透過本書你將大有所獲。用意象做足準備，擴大心理舒適圈。

——洪聰敏博士，國立臺灣師範大學體育與運動科學學系研究講座教授、美國人體運動學院院士、國際運動心理學會會士

「成爲大腦的司機，而不是裡面的乘客」，我超級喜歡這句書裡面的話。使用意象來幫助我們達到目標，是我們可以經過練習並且善用的技巧。以我來說，我會想像我在未來演講時的各種感官經驗，以及可能的意外狀況，引導我自己專注在演講本身，幫助

我自己做好心理準備。心理意象對我們影響深遠，我很期待這本書可以幫助到讀者，過著您想要的生活！

——洪仲清，臨床心理師

運動場上的成功從來就沒有僥倖，卻有跡可循，這本書從動機、多感官意象到團隊意象，層層拆解，變成問句一條一條帶你操作，成功從來就是小步微調累積，終將實現跨越，這本書正是將意象訓練精細拆解的科學化寶典。

——曾荃鈺，中華民國運動員生涯規劃發展協會理事長

想像力是人類最寶貴的資產，而我們都習慣當大腦的乘客，很少成為大腦的司機。這本書告訴我們如何轉變思維模式，開啓意識的自駕之旅，找到內心的眞正力量，駕馭自我，活出精采人生。

——蕭捷健，減重醫師

本書能幫助每個人克服自己的局限信念，並登上個人的顛峰。我強烈推薦給任何想要增強自己最重要力量（即大腦）的人。

——科林．奥布雷迪（Colin O'Brady），《紐約時報》暢銷作家

本書是努力想改善健康、家庭生活或工作的人的必讀之作。它提供的指南傳授了如何使用我們的大腦承諾、實現自己的目標與實踐自身價值。這是一本有關持久、能長期保持意志力的書。

——蘇珊．基爾雷（Susan Kilrain），前美國太空總署太空人

無論你是哪個年紀、處於什麼階段、接受哪種訓練，本書都能幫助你重新想像自己的目標，並重新調整什麼對自己和團隊才是重要的。眞希望在我的職業生涯早點擁有這本書。

——理查德．伊博森爵士（Sir Richard Ibbotson），英國皇家海軍中將

如果你一直被自我懷疑、缺乏信心及負面思考自己在這個世界的身分所困惑，本書能教你如何擺脫自己的慣性。閱讀本書，學習如何抓住成功機會，你就能夠隨心所欲地做自己想做的事。

——法蘭・德瑞雪（Fran Drescher），女演員、喜劇演員、作家

這是一本介紹心理意象的精采好書。它告訴你如何使用功能性意象訓練的技巧，從生活中獲得更多自己渴望的事。如果覺得意象不適合你，請再想一想。這些練習很有啓發性。

——潔姬・安德拉德（Jackie Andrade），普利茅斯大學心理學教授

認知治療師格羅佛和心理學家羅茲利用扎實的科學研究做爲論據，強有力地說明了「意象喚起情感，而情感要比談論改變行爲更能影響行爲」。希望離開沙發並做出一些改變的人會獲益良多。

——《出版人週刊》

看到網球冠軍娜拉提洛娃爲本書撰寫的推薦序時，很難不喜歡上它。這是一本精心編排且可實行的書，告訴你如何以勇敢又務實的方式看待目標和夢想。

——《圖書館日報》（*The Library Journal*）

前言

訓練意象能力，提升做計畫及堅持目標的方式

「喜劇演員用說的不算，實際給我講段笑話才知道吧！」一名睿智的朋友曾對我們這麼說。當時我們正在一場國際會議中竭力推廣自己的計畫。他的話引發我們共鳴，因爲我們不知道自己一直用錯誤的方式宣傳自己的成果。我們都用講的，而不是展示出來。爲了不讓你犯同樣的錯誤，我們想一開始先讓你在腦中「試駕體驗」一番。開始吧……盡可能詳盡思考以下這個詞：

電子郵件——是的，電子郵件。

對你來說，這個詞有什麼意義？如果可能的話，試著探觸你的知覺——它們是如何

被這個詞觸發的？

當你念「電子郵件」時，是否想著某件事，並以某種方式感受呢？當然，這個「某種方式」對每個人來說肯定不同。有些人可能想到接收電子郵件；有些人可能想像撰寫郵件，而且在他們的腦海中聽見手指在按鍵上輕敲。還有一些人可能想像自己坐著讀螢幕上的文字，或者想到手機上的圖標或顯示他們有多少封未讀郵件的通知——五十六封！也許你想起了其他事情，比如刪除郵件。這可能感覺很好。

當你把注意力放在某個念頭上，就以「電子郵件」一詞為例，很有可能會將這個念頭與意義、情感聯繫起來。你的內在一旦開始喋喋不休，便不停地與自己對話，因為你在腦海裡讀誦並複述這個詞，意象也會如此。所謂意象，就是透過聲音、氣味、味道、觸感、動作、視覺及情感創造心智表徵的過程。每個人使用意象的方式都不一樣。當專注於一個念頭時，比如想著吃一塊蛋糕，你我體驗這個念頭的方式就會因人而異，這取決於偏好、經驗，以及隨著我們想像吃這塊蛋糕時的觸感、香氣、味道和情緒上的知覺而進行所謂的「詳細闡述」。如果你詳細闡述這個念頭，就能推測出會發生什麼事：你渴望吃蛋糕。也許在繼續閱讀本書之前，你為了蛋糕跑去廚房或附近的麵包店。

成爲大腦的司機，而不是裡面的乘客

人的大腦很強，我們想像情境的能力可以支配自己的很多行動。有時，這些行動對我們的目標會產生不良效果（吃了那塊蛋糕！停止正在進行的計畫！）。但它們不一定非得如此不可，你可以利用大腦的驚人力量來優化自己的行動（改吃沙拉、完成計畫）。本書提供了一項工具，讓你確切做到這點：**成爲大腦的司機，而不是裡面的乘客**。

大多數人在設定目標時，不會有效地計畫，或者使用多感官意象來覺知實現自己目標的過程。因此，當他們突然遭遇挑戰時，不會把它視爲跑道上的跨欄，而是把它看成一堵牆。結果他們往往放棄，因爲還未培養出幫助自己符合勤奮或堅持不懈等要求的技能。

開始追求目標更有效的一個方法是，利用我們內在的喋喋不休和意象來預測旅程的結果（成功或失敗），以及過程（努力不懈且堅持到底）可能會如何發展。我們在腦海裡詳細闡述這個結果和過程的方式，也影響了自己實現目標的可能性。講白一點就是，我們想像未來的方式和對念頭的關注，會驅策自己努力，進而影響自己的行爲及結果。

透過豐富的想像力，你可以使用意象來規畫目標：首先，從想像成功會是什麼樣子開始，比如在工作上獲得晉升、贏得奧運金牌或躺在太平洋海岸的沙灘上，這端視你的目標而定。接著，你可以將目標分成幾個小里程碑，並想像每個階段取得成功是什麼感覺、氣味、味道、聲音和模樣。這個過程構成了多感官意象的基礎。當你遇到挑戰時，這個方法的一個主要好處就會顯現出來。由於你已經想像過它發生，而且無論它是何種挑戰，也規畫好克服的方式，因此就不會將其視爲一堵牆，而是跑道上的一道跨欄，並能加快速度跨越它。

在這本書中，你會學到訓練自己的意象能力，進而提升做計畫及堅持目標的方式。你現在或許還沒意識到想像帶來的影響力，但很快就能學會如何拿捏與訓練它、利用它的可能性，並爲你的個人成長、所愛的人及社群精進這項能力。

本書以名爲**「功能性意象訓練」**（**以下簡稱**ＦＩＴ）的大量學術研究爲基礎，說明心理意象可以引發情感，而情感是增強動機與改變行爲的關鍵。ＦＩＴ是英國普利茅斯大學和澳洲昆士蘭科技大學研究成癮問題的學術心理學家開發的。他們觀察到，有成癮症的人都有良好的初衷及戒除自身破壞性習慣的強烈欲望，一直到渴望劫持了他們的念頭，這也往往導致故態復萌。ＦＩＴ是一種藉由訓練如何堅持預定達成的目標，教導人們制伏誘惑（和其他出於享樂的決定）的方法。

我們又擴充了ＦＩＴ模型，加入可以提升表現的新工具。後文你會讀到我們爲打斷舊習慣所開創的方法，比如第一次向大眾公開的ＳＬＡＰＰ。我們爲團隊創建了一個模型，取名爲ＡＩＭ：**激發動機的應用意象**（**Applied Imagery for Motivation**），因爲ＦＩＴ主要是爲一對一的訓練或諮商而設計的。之所以寫這本書，是爲了讓你感覺我們就像坐在你對面的意象教練。本書以「選擇點」概念爲主軸，它是你決定將注意力從不必要的念頭上轉移的時刻；這個念頭可能會阻止你做出有意識的選擇，要（或不要）堅持追求自己的目標。你就在那一刻，對自己說：「繼續，還是放棄？」

這本書是我們如何使用ＦＩＴ改變人類行爲的藍圖。我們分享了自己和個案的故事，這些個案包括尋求新方法解決舊問題的教練、設法在工作與生活中取得平衡的高壓主管、追求獎牌的奧運選手，以及尋找健康生活方式的人。無論你是誰、你的目標是什麼，或者你現在處於生活的哪個階段，這本書都是爲你而寫的。

我們想分享自己熟諳的成功學

本書的兩位作者：喬安娜．格羅佛和強納森．羅茲博士，是在很奇特的機緣和共同的願景下合作的。

強納森是非常熱衷於FIT的開發者，也是普利茅斯大學的認知心理學家。強納森是迄今唯一與團隊一同研究及使用AIM模型的人，這些團隊包括職業足球隊、帆船隊、教育團體、企業組織和英國軍隊。

住在佛羅里達州邁阿密海灘市的喬安娜，是很有同理心的社群運動人士、社工與教練。她在肯塔基州的一次馬術意外中摔斷肩膀後，冒險前往英國。這次事故，不僅壓碎她的手臂，還重挫她的自信心，以及對這項運動的熱愛。外科醫師和物理治療師爲她治療身體，而FIT幫她克服事故後深植內心的恐懼。藉由FIT，她學會再次相信自己和她的馬。在自願退休前，喬安娜和她的馬一起贏得了兩項冠軍。喬安娜是美國第一位獲得FIT認證的人。她發現，比起她先前使用的認知行爲療法，FIT更有效，它能爲個案帶來更深層、更持久的改變。

我們兩人合寫的這本書，強納森是站在學術及運動表現顧問的角度，而喬安娜則是以個案及實踐者的角色出發。我們用盡心思寫作。這次合作是在二〇二〇年新冠肺炎封城期間的一次Zoom通話後開始，我們相距七千多公里，當時強納森在受強風侵襲的英國南部，喬安娜則在佛羅里達州南部的棕櫚樹蔭下。寫這本書時，我們沒碰過面，由於不同時區、寫作風格、工作任務、家庭生活……都讓合作挑戰重重。喔，提到寫作風格了嗎？我們挺過了這些挑戰，因爲受到共同價値觀（服務與教育）的驅策，同時我們都想像著：其他人在更了解如何使用自己的想像力來實現目標時，可以從中獲益。我們許多個案提到的好處不光是成功實現個人目標，他們還體驗到更好的睡眠品質，以及其他生活品質的改善：更優質的溝通、壓力減輕、更深刻的目的感和幸福感、表現穩定並達成目標，還有更強烈的歸屬感。我們想分享自己熟諳的成功學：堅持不懈與戰勝困難的眞實故事，因此你（我們親愛的讀者）也可以體驗到這些益處。

我們後來創辦了一家公司，名爲「意象訓練」（Imagery Coaching），而且已諮商過《財星》五百大企業的主管、企業家、職業運動員、急救人員、護理師、教師、學生、教練、教育機構，以及軍隊的菁英。我們開辦了國際訓練課程，培育下一代的意象教練。我們認為應該讓更多人來參與培訓，所以有兩成的學生獲得全額獎學金接受我們的訓練。這些獎學金是提供給因社會經濟弱勢而無法得到培訓的人。我們支持地方及全球的變革計畫，例如：「氣候教練聯盟」（Climate Coaching Alliance），這是一個和氣候變遷組織合作的高階主管教練網絡。我們熱切期盼聯合國大會決議設立「意象日」。到時候，我們會教導世界領導人與氣候變遷社運人士透過創造力與合作，共同想像氣候變遷的解決方案。我們也會繼續擴展針對個人的 FIT 與鎖定團隊的 AIM 的研究組合。

這是我們。但本書最終所要談的是**你**：你的夢想、目標、抱負——也就是你的意義和價值觀。它也談你的社群與人際關係。這本書著眼於你正在思索的目標，想像它們，然後實現它們。

如何使用本書

意象是親密且帶有情感的，請對自己溫柔、有耐心。找一位朋友與你一起進行，或者將自己當成最好的朋友。我們提供的練習會發掘更深層次的意義和連結感。由於想像是很個人的事，所以我們有一系列的測驗和評量方法，提供你一個能朝自己目標努力的起點。本書以結構清晰的章節依序展開，用意在幫助你使用FIT勾勒出個人旅程的輪廓，同時逐步透過五個階段認眞思考：你的價值觀、信念、態度、認知及行爲。在〈PART 1〉中，重點會放在最初的三個階段（價值觀、信念與態度）。當你先清楚知道自己的目標，並與對自己很重要的事重新建立連結時，意象訓練才最有成效。

本書從頭至尾，尤其是前三章，我們建議你在日誌上做筆記，追蹤自己的進展，就好像你是自己心思的研究者。日誌提供了自我省思和心理醞釀的空間，鼓勵你思考自己的想法。這也許聽起來很怪，但它可以讓你有個空間思考：**爲什麼？**

寫日誌和批判性地反省時，你可能會想停下來，不往下讀，讓思緒沉澱。當天晚些時候、隔天或任何覺得適合的時候，再回頭從中斷的章節閱讀。換個方式說：我們建議你讀本書的速度，不要像五歲小孩吃果醬三明治那麼快。相反的，請慢慢閱讀，像五十五歲的人吃三明治一樣，每一口都在品味和回想。

〈PART 2〉一開始，會聚焦於意象訓練，這是意象旅程中的認知階段。我們希望你帶著好奇心和一個明確目標進入這個原始構想。在這個單元，你可以從第一階段的「價值觀」到第四階段的「認知」，探索自己繁複的意象旅程。我們邀請你衡量自己的意象能力，然後精進多感官並用上會用到的每一個感官，例如：視覺、聽覺和動覺意象。對於每個感官領域，最好能做筆記，並在你將理論付諸實踐的同時，持續反思。即使卡關，每一章都提供了解決問題的機會，並看看其他人如何找到他們平常訓練意象的方法。

一旦開始訓練意象，你就進入了最後一步：行爲改變。此時，你會試驗什麼對自己應用在實踐上最有效。爲了讓行爲在充滿挑戰的時候堅持下去並持之以恆，我們提供了如何應用FIT的進一步指導，這能幫你創建一套固定的練習，並在需要時重新調整思考。同樣的，請慢慢讀完〈PART 2〉，再確定最適合自己的方法。

前兩個單元的重點是你、你的目標和意象訓練。一旦與自己的目的、意義和行動感連結，你就可以發現如何在自己的社群使用意象。〈PART 3〉就不局限於個人，我們會聚焦於詳細說明在團體和團隊中如何使用意象。我們已將FIT從完全針對個人調整成適合與團隊一起使用的模型：AIM。當團隊一直都能實現目標時，他們就可以共同努力實現更複雜的目標，從解決全組織的問題（比如人員配置），一直到全球性議題（比如氣候變遷）。

爲什麼是這本書？

儘管有大量的心理自助書保證能帶給個人改變，但很少著作是從內而外以價值觀開始。更少之又少的書籍，是根據同儕審查的學術科學研究，證明你的想像力如何能增強動機，並支持堅持下去的行爲改變。本書將科學與個人改變融合在一起，爲你的個人健身目的、重建歸屬感和目的感等努力和目標，提供一套量身打造的獨特實用工具。

幾十年來，儘管運動員在比賽期間面臨到環境壓力，他們還是會使用意象演練技能與保持專注。你能進入網球冠軍、奧運游泳選手、高空跳水運動員、橄欖球和足球選手、超馬跑者、世界紀錄保持人、執行長、全球企業領導者，以及軍隊菁英分子的想像世界，一窺同樣的意象訓練如何能用來塑造你的人生。我們分享了各種故事證明利用意象的力量，藉此鼓舞人們和團隊達到「最佳狀態」並堅持住，直到他們成功實現目標。你準備好改變了嗎？準備好實現目標了嗎？準備好堅持了嗎？準備好測試科學並增強自己的動機了嗎？準備好放大**自己**了嗎？那就讓我們趕快繼續吧！

PART 1

突破心理障礙

第1章
從心理叛變到動機意象

讓隱匿於混亂下的寧靜有一個入口，在那裡會找到你認爲不可能存在的安詳，並看見暴風雨中閃爍的光芒。

——約翰．歐唐納修，愛爾蘭詩人

想像一下，一月初的早晨，你的鬧鐘響起。你醒來望著外面，天氣寒冷，還下著雨。儘管一直都很認眞地看待內在承諾，並下定決心保持健康，但你還是決定不出門跑步。你想，**明天天氣會轉乾吧！**你回到舒適的床上，又多睡了三十分鐘。最後，你帶著罪惡感起床，這消耗了自己的衝勁，而且你想以更健康的方式開始新一年的希望也破滅。由於有些羞愧，你決定吃一頓豐盛的早餐讓自己振作起來，接著意識到昨天和前天的情況也是如此。你想，**也許二月再來試試看**。這就是「選擇點」：跑，還是不跑？就是問題。

事實上，我們每天都在問自己「做」或「不做」這類的問題，然後做出影響自己行爲往前邁進的關鍵決定。「選擇點」通常發生在我們面臨挑戰的時候，這些挑戰會突然出現在各式各樣的活動中：辦公室工作、寫論文、準備考試、坡道跑步、游泳剩最後一公里，或者處理人際關係中困難的互動過程。對於每個人來說，「選擇點」的決定有其影響力，這種力量界定了我們是誰：跑者或非跑者、學者或非學者、健康或不健康。

等到面臨「選擇點」時，通常你已經付出大量精力、情感和注意力，也做出許多個人犧牲，因而疲憊不堪或失去動力。當你精疲力盡時，造反的負面念頭就會猛衝而來，而且挑戰似乎難以克服。這是你需要做出關鍵決定的時刻，也會暴露自己的幾個性格面，比如心理韌性和膽量。我們每天會經歷大約六千到六萬個念頭。①了解你可以自由選擇按照其中的哪一個念頭行動，不僅能改變你的生活，也可能決定自己的命運。然而，我們的決定往往陷入了意志力的問題，因爲在關鍵的「選擇點」，忘記問自己**爲什**

麼我們**想**採取這個行動，以及它對我們的未來又有什麼**意義**？

「選擇點」是提供兩種選擇的時刻：心理叛變，還是認知控制。心理叛變有可能導致我們對自己的行動感到失望，而認知控制正好相反，且源自於我們對長期目標、價值觀和意義的承諾。

一天之中，你的六萬個念頭即使只有千分之一是「選擇點」時刻，但這個數量也相當於六十個關鍵的「是或否」「停止或前進」「放棄或繼續」的選擇機會。「選擇點」並非無意識的，而是需要有意識的思考。如此一來，當這些念頭進入自己意識的時候，你才會有動力控制它們，而不是自動陷入和意志力的拉鋸戰；意志力還會因爲心理疲累而喪失。②

況且，我們發現，教導研究對象和個案在一天中的特定時間使用意象來覺察障礙與計畫下一步，進而掌控注意力之後，他們都提到自己的意志力和自由意志感變得更強，這提升了他們的信心和表現。

依自己價值觀做出選擇，而不是衝動

在我們的工作和研究中發現，人的核心價值觀經常會由於個人情況的日常變化（例如：工作和家庭承諾的改變），因而遭忽視或妥協。隨著這些優先考慮的事變動了，每個人對自己「選擇點」的處理也變得愈來愈重要。當我們讓人們對最重要的核心價值進行排名時，他們九九％的時間都將自己的健康擺在第一位。是的，高於家庭、關係、幸福，而且始終高於世界和平。我們都知道，要保持健康必須運動、攝取適當營養及多補充水分。但二〇二一年，世界衛生組織估計兩百八十萬人的死因與肥胖有直接關係。③其中許多死亡原本可以避免。很多人都**知道**如何健康飲食、補充水分，也知道自己應該運動。可是你我當中有許多人選擇今天不鍛鍊身體，因爲永遠還有明天。但今天的行動往往導致我們明天也有同樣的想法、同樣的藉口，以及同樣缺乏進展。

如果個人健康對我們如此重要，爲什麼我們很難貫徹讓自己直接受益的決定呢？我們的研究從這個奇特的問題著手：爲什麼有人選擇加入，有些人會選擇退出？

答案就在你的注意力和想像力。一項有史以來最值得注意的非藥物減重研究就揭開，它們如何發揮效用的驚人實證。這項研究由英國普利茅斯大學及澳洲昆士蘭科技大學的琳達．索布里格（Linda Solbrig）及同事共同完成。在所有已發表的減重主題的FIT研究中，它也是最多人讀過的。④在二〇一八年的調查中，透過刊登於普利茅斯當地報紙上的廣告招募了一百二十一名參與者，他們被隨機分成兩組。一組接受動機式晤談，這是一種以證據爲基礎、以個案爲中心的介入行動，採用開放式問題、肯定、回顧及總結。動機式晤談是「改變談話」（一種巧妙引導人們討論解決方案和計畫的方法）的標準，被教師、醫生、教練、治療師及各領域的諮商師採用。另一組接受了FIT培訓，學習使用意象做計畫、預先考慮障礙，並根據過去的成功嘗試新的解決方案。

索布里格同時與兩組一起合作六個月，並在十二個月後進行追蹤。兩組人參與這個計畫所投入的時間都很短：每位參與者都單獨接受一次一小時的親自面談、一次後續的電話訪談（最長四十五分鐘），然後連續三個月每兩週一次的回報進展電話（最長十五分鐘），再接下來三個月是每月致電一次。每位參與者與索布里格的接觸時間只有四小時而已，結果卻很有新聞價值，受到全球各地媒體的報導。

研究到第六個月時，FIT組平均減重約四公斤，最值得注意的是，這個結果在結束介入後仍然持續。到第十二個月時，ＦＩＴ組已經平均減重約六公斤。至於動機式晤談組平均只減重約〇．六八公斤。ＦＩＴ組的參與者儘管在六個月之後沒有得到任何支持，但還是持續取得進展。在這項研究之前，這種結果於減重計畫中是前所未聞的。這組參與者在前六個月只與ＦＩＴ教練接觸四小時，後半年則完全沒有接觸，他們變得自立自強、自我引導，也繼續朝著自己的目標前進。顯然，ＦＩＴ給了他們信心和工具繼續堅持下去。

我們來總結一下，看看ＦＩＴ組做了什麼：

．他們探討了自己的核心價值觀與當前行爲的不一致之處。
．他們想像在自己規畫的道路上每一階段都能成功，而且實現自己的目標。
．他們學到（後文我們也會教你）把使用意象當成一種日常習慣，並融入到作息中，比如啜飲晨間咖啡或刷牙。

ＦＩＴ教導個人用目標導向的意象來取代不必要或無益的念頭，藉此控制衝動。

了解自發性念頭

如果曾在火車站候車，你可能留意到自己的注意力從一個念頭飄到下一個。我們來演練一下情境：在X月台上，你留意到Y月台有一列火車進站。在那列火車上，人們收拾好行李，看起來準備去度假。你看到火車側面的目的地標示牌寫著：機場，好奇著他們可能會飛往哪裡。**肯定是溫暖的地方！**然後，火車駛離了。接下來，在Z月台，一列火車發出尖厲刺耳的剎車聲，你注意到每個等待那列火車的人都穿著上班服裝。這時，你甚至不想看目的地標示牌，於是注意力飄回Y月台，那裡有一列火車剛抵達。

念頭就像火車一樣頻繁，你可以自由選擇要上火車或只是看著它經過。但我們知道的火車行，你一次只能搭乘一班。

行使自由意志實際上是一種習得的行爲。可以藉由控制我們如何引導自己的注意力，促使這些「選擇點」的關鍵決定時刻對自己有利。當念頭進入我們的意識，我們選擇留住那些推動自己朝目標前進的念頭時，就會發展出更強的自我控制能力，並開始意識到自己做的選擇。最後，我們學會掌控自己的注意力，也聚焦於對自己重要的事。

自發性念頭是任何進入你腦海的思緒、記憶、感覺或想像，對於它的出現，你往往沒有多少選擇的餘地。不管有意識或無意識，我們一直都在思考，但自發性念頭就像火車經過月台那樣，在消失之前，我們總是緊緊抓住它不放，儘管只是一瞬間。自發性念頭不僅把我們**帶到**「選擇點」，還會**穿越**它們，因此科學家努力想探究出我們每天看到念頭「火車」經過的數量。爲了計算這個數字，科學家必須繪製大腦地圖，測量人在休息時和工作中的念頭，觀察自發性念頭如何出現及出現的次數。這項看似不可能的任務需要數百萬美元、世界級的設備，以及最優秀的大腦專家齊心協力展開研究。「人腦連結體計畫」於二〇〇九年啓動，目的在透過掃描繪製出整個人類大腦的地圖。這個龐大的數據集是公開可用的，所以如果你有興趣、基礎知識和時間，可以進行分析並得出自己的結論。⑤

一群研究人員專注於測量個人每天會有的自發性念頭數量，並拿來與他們從事的研究比較。⑥研究員將神經片段稱爲「思想蠕蟲」（thought worms，不要與耳蟲搞混了，那是在你腦海中揮之不去的歌曲）。思想蠕蟲可用功能性磁振造影（以下簡稱 fMRI）測量，並將其掃描造影以視覺呈現。在 fMRI 上，一個念頭在大腦活動中引起的棘波，就像一個連續的「蠕蟲狀片段」，並在浮現時，會蠕動穿過神經通道網路。雖然有些念頭會保留很長時間，但大多數念頭既短暫且迅速，可謂稍縱即逝。在任何情況下，當蠕蟲抵達意識時，從大腦掃描中消失只是時間問題，猶如被鳥吞掉了。

舉例來說，電話或電腦發出響聲（叮！），你的注意力就會從先前的關注點轉移。你決定查看自己的設備，這就是所謂自覺的自發性念頭，因爲提示（叮！）創造了一個念頭（查看）。另一方面，不自覺的自發性念頭往往看似隨機。它在你的潛意識深處反覆思考（我需要在購物清單中加入牛奶），然後——砰！浮現到表面上。

你在做重複性的工作時，比如洗碗、健身訓練或撰寫電子郵件，自發性念頭會極爲頻繁地出現。對所有人來說，有些念頭浮現並被留下來，有些則會消逝。

當我們來到「選擇點」時，亟欲享受短期快樂是我們的第一個反應，但短期享樂可能阻撓我們的長期目標，因爲與長期目標有關的念頭通常會緩慢地出現在我們的意識中，而立即的滿足浮現的速度很快。我們起床去跑步是爲了改善自己的健康，但藉口出現了，因爲眼前的短期享樂是溫暖舒適的床。我們簡直就像有兩種思想蠕蟲：長期目標和短期滿足。這兩種蠕蟲從同一點出發，但一種在交通不甚繁忙的高速公路上駛向我們的意識，另一種則是在尖峰時段行駛於市區街道。這造成兩種思想蠕蟲不會同時進入到意識裡；短期、及時享樂、便宜行事的念頭會先抵達。

在「選擇點」那個特定時刻做出便宜行事的決定，可能會破壞你的長期目標，因爲它很少帶來長期的成功。最初的享樂念頭只是本能反應，一種我們體驗、關注的自發性認知，接著會發現到我們的反應方式與自己的長期目標互相矛盾。透過本書，你會學到如何改變這樣的最初念頭。對於滿足眼前欲望或在面臨挑戰時放棄之類的便宜行事念頭，你能用未來的滿足感和成就感來取代。這也會使你開始專注在目標上，並有承受挫折的復原力。

重新訓練思想蠕蟲

思想蠕蟲是接連不斷的。雖然有些自發性念頭是不自覺，似乎是隨機的，有些則是由於提示而自覺地依照計畫進行，但所有的念頭都是一個接著一個冒出來。我們對大多數念頭的關注似乎都無法控制，導致了注意力不集中。我們每一天，就跟前一天一樣，做著例行工作，然後特別關注某些念頭，對其他念頭又不在意，因爲有些念頭似乎更重要。爲什麼？

情感。情感驅策我們的思考。舉例來說，我們吃東西常常不是因爲餓了，而是渴望體驗食物帶來的愉悅。想像一下巧克力，一旦我們將注意力集中在這件令人快樂的事和它帶來的滿足上，就會開始非常詳細地想像刺激物和可能的享受。電影《BJ單身日記》的女主角布莉琪．瓊斯在情緒低落時，就伸手去拿冰淇淋。爲什麼？因爲情感上的滿足。在我們一生中，經驗加深並使自己習慣於便宜行事、短期享樂的選項：吃東西、尋求慰藉，或以喚起可能帶來立即滿足感的方式來滿足一些內在欲望。

如果你在下雨的早晨不去跑步，就要知道自己已經做出決定。前一天，「留在床上」的思想蠕蟲一直在你的潛意識中蠕動。在使用藉口之前，你已經在準備了。我們總是在預先設想。根據腦部掃描顯示，甚至在開始一項工作前，我們就覺知到結果了。⑦

當你爲了完成任何艱鉅的任務而努力時，會面臨重大挑戰，因爲自發性念頭浮現時，你會預先設想到這是困難工作，然後告訴自己停止，或者更糟的是——放棄。但如果知道可以重新訓練你的思想蠕蟲，讓長期目標的念頭猶如開法拉利在高速公路飛馳一樣迅速出現，而便宜行事的選項卻像在散步，想想你的生活可能會有怎樣的改變呢？

爲了測試 FIT 發揮的效力，強納森和同事招募了三十一名自稱「不跑步的人」，他們珍視健康的重要性，但缺乏堅持運動的動機。這群人一開始接受了動機式晤談，探索目標、激起動機，並且自己訂立計畫，然後讓他們以自認爲有效的任何方式運動。五個月後，參與者被問及是否考慮參加超級馬拉松。強納森預計沒有人會參加，但令他震驚的是，有十五位同意試試看。

這十五名參與者被分成兩組：一是動機式晤談組，成員會得到心理學家的支持。另一個是 FIT 組，成員會學習如何使用多感官意象重新訓練他們的思想蠕蟲。八個月後，這些參與者都去跑了一場超馬。FIT 組跑完全程的人，是未接受 FIT 的人的五倍。⑧我們發現，參賽者因爲已經跑了好幾小時、又冷又餓、渾身濕透，但就算他們在極度疲勞、有時甚至很痛苦、情緒又容易波動的時候，我們還是能在比賽中重新訓練 FIT 組跑步者的思想蠕蟲，讓它們鎖定在渴望實現的目標。

FIT能集中注意力

FIT是一種任何人都可以用來掌控自己念頭的介入方法，它能將人的注意力引導到長期目標、提升穩定性、最佳表現及信心。減重和超馬研究的FIT參與者養成了使用意象的習慣，在另一項FIT研究中，參與者則提高了運動的堅持度。⑨每天早晨，當他們泡咖啡或燒茶水時，會想像克服障礙的方法，並規畫幾個有助於變得健康與堅持健康行爲的小步驟。以這種方式，FIT發揮的作用超越你設定的初始目標，一如上述例子所見的實現減重、鍛鍊出健康體態等目標，然後維持自己的成果。

研究人員發現，可以透過使用提示控制我們的自發性念頭，因爲提示就像簡單的行爲觸發器，提醒我們集中注意力。⑩依照我們在心理學上使用的「提示」這個術語，它是一種對思想蠕蟲發號啓動的明確行動。你可能已經有好幾個提示是日常習慣的一部分。也許你在早上淋浴時，不是站在那裡享受熱水澡，而是開始計畫自己的一天、穿著與會議。內在提示建立在生理上，例如：體溫或感覺自己的心跳，而外在提示是你體驗或看到觸發念頭的事物，比如沖澡或看著自己的跑鞋。這是很重要的資訊，因爲如果透過將外在提示整合到日常作息來進行規畫，我們就能以富有成效與先發制人的方式掌控自己的思考，並引領我們朝自己的目標前進。

但我們每天都成爲提示的受害者，迷失在例行工作中。我們打開電視，面對的是喚起自發性念頭的廣告。接下來，我們拿起手機點開ＩＧ、臉書、推特、電子郵件。你是否曾經在做一些重要的事時，思緒卻四處飄蕩，然後發現自己「只是在查看」手機？當你查看時，浮現的念頭通常是不連貫的，這些念頭是我們繼續做下一件事之前，由吸引我們注意力的雜七雜八影片、訊息和內容所引起的。我們發現自己停頓了五分鐘、然後十分鐘，等回過神來已經浪費掉自己的時間。快速查看的意圖導致我們心不在焉。相反的，我們需要的是更明確的提示，提醒我們有任務的目標或長期的目標，以及爲何它們很重要。透過集中我們的注意力，ＦＩＴ可以做到這點。

找到自己的範例

爲了找到個人範例，請你回想一個自己經歷過高度集中和專注的時刻，像是寫作業、展現一項技能、甚至可能是烹飪。在這項任務中，你可能會發現自己處於心流狀態，完全被任務所吸引並完成大量工作。當你在這種精神狀態，自發性念頭是和諧的，它們一起幫助你完成任務。這些和諧的念頭來來去去，但它們的連結使你能長時間保持專注，這樣就能解決問題，並使腦能量發揮更高效率。

回想一下這段特定體驗，是否有很多讓你分心的事，還是你建立了一套邏輯系統，讓自己可以專注於工作？也許你關掉手機和關閉電腦。由於做了這些明確的行動，你無意中為工作開啓自己的行為提示，並讓認知的喋喋不休安靜下來。因此，如何為任務做計畫會對你的成功造成眞正的影響，因為你使用的策略，比如提示，掌控著成千上萬的自發性念頭。

我們在前文提到的「人腦連結體計畫」繪製了整個人類大腦的地圖，使研究人員得以發現，人每天的念頭確切數量取決於任務及掌控自發性念頭的能力。如果完成了一項自己喜歡的任務，你的念頭可能比做一項你覺得無聊的任務時還少。如果細想觀看一場電影所需的注意力和專注力——隨著情節，了解劇中角色及他們之間的關係，並預測接下來會發生什麼——你會處於一種心流狀態，因為念頭合作融洽。如果因為查看手機而分心，你根本就不會專心看電影，心思會飄到無數其他的念頭。

同樣的，在和諧的一天中，你會經歷大約六千二百個念頭。如果你不專心和留意，自發性念頭出現的次數就會增加。一些心理學家認爲，我們每天有六萬個念頭，而諾貝爾獎得主、心理學家丹尼爾・康納曼表示，一般人每天很可能會做三萬五千個決定，大約每分鐘二十四個。[11]

遺憾的是，一般人在每天成千上萬個念頭中，有八〇%通常都是負面的。如果我們相信自己有三萬五千個念頭上的決定，那就相當於每天有二萬八千個負面的決定、七千個正面的決定。

明天是否會不一樣？不見得。心理學家羅伯特・萊希（Robert Leahy）表示，我們一天中有九五%的念頭與前一天完全相同。[12]因此，如果你今天正經歷源源不斷的負面念頭，這些念頭可能會對你的目標和自我形象產生不利影響，假使不採取任何行動來減少這些念頭，明天會發生的可能性是一樣的。但值得慶幸的是，你可以在今天的念頭上下功夫，藉此改變可能性，進而體驗更樂觀的明天。

我們將注意力放在什麼事上，取決於自己。自發性念頭導致我們面臨「選擇點」，然後我們選擇是否要詳細闡述這些念頭。**你無法控制某個自覺或不自覺的念頭何時開始出現，但可以選擇要在該念頭上停駐多長時間。**

詳細闡述與演練

二〇一六年，德國高空跳水新秀艾瑞絲．施密德鮑爾（Iris Schmidbauer）受邀參加在菲律賓舉辦的一項國際懸崖跳水比賽。這項知名賽事讓新參賽者有機會累積從二十公尺高台縱身躍下的跳水經驗，也是艾瑞絲從小夢想做的事。為了取得這次的參賽門票，她接受嚴格訓練，腦海裡一遍又一遍地練習跳水，而且她的人生犧牲非常多。由於首日比賽的前一晚沒睡好，艾瑞絲有點疲倦，但她知道可以靠著自己的肌肉記憶來完成跳水。她在先前的一場比賽傷到腳踝，因此吞了幾顆止痛藥，試圖止住任何負面想像，並保持正面態度進行第一輪的比拚。她想像自己的跳水順暢完成——準備就位、擺好姿勢、手臂控制、重量分布、旋轉前後速度，以及入水的衝擊力。

比賽當天，艾瑞絲沒有從二十公尺高的崖頂練習，但她的第一跳順利完成，獲得評審給予高分，並以排名第一進入第二跳。她能擱置負面念頭，同時自信地在內心演練下一跳：翻騰三周半。接下來發生了一連串狀況，讓艾瑞絲覺得不太對勁，但還是相信自己的肌肉記憶會發揮作用，就像第一跳那樣。由於對自己的能力有信心，而且控制住念頭，艾瑞絲暫停使用意象這個慣常的跳前準備，並依賴身體來完成動作。艾瑞絲感到不尋常，也許止痛藥影響了她的注意力，或者自己正經歷專注力提升到一個新的層次。儘管如此，這是一生難得的機會，意義非常重大，況且已經這麼辛苦訓練，加上自己排名第一。艾瑞絲是適應力很強的運動員，因此她決定展現自己的才能、天分及對跳水的承諾，儘管有點「狀態不佳」。

到達懸崖頂、準備跳水的時候，艾瑞絲向底下的救援潛水員示意，接著將腳趾貼近懸崖邊緣。最後一次想像動作，她在腦中看見自己起跳，感受身體在空中移動，雙腳一入水面，水就從腳底急速鋪蓋全身。她深吸了一口氣，擺好姿勢之後，雙膝彎曲，接著騰空而起。

轉動身體翻騰時，速度隨之加快。在那一刻，她頓感迷失，肌肉記憶忘記了跳水，並以七十五公里時速背部入水。

除了挫傷，艾瑞絲還咳出血來，而且出現嚴重的頸部揮鞭症，但幸好，身上沒有任何地方骨折。在醫院待了幾個小時後，醫師讓她出院，那晚她與競爭對手一起到酒吧喝了一杯氣泡水。不過，這次經驗對艾瑞絲造成生理及認知上的雙重創傷。

接下來的幾個月，艾瑞絲每天都會不由自主地想起**那次跳水**好幾回。她會生動地想像當時的情景，在腦海中清晰詳盡地重播整個失敗的細節。於是自此之後，她就再也沒有從高台上跳水。她向強納森求助，他們在隨後的六週展開了一項計畫，幫助她克服創傷並重回懸崖跳水。

我們幾乎無法阻止自發性、闖入型念頭進入意識，就像艾瑞絲的經歷，但我們可以控制探索它的深度。我們對自發性念頭的關注取決於所謂的「詳細闡述」和「演練」。詳細闡述是指關注念頭，並以多感官方式詳細探索它們的過程，比如透過想像味道、氣味、聲音和情感。內心演練則是重複詳細闡述的過程。

自發性念頭的浮現往往起因於內在提示（飢餓）或外在提示（看到某人大啖起司堡），這些提示會引發念頭，比如想吃東西的衝動。我們知道起司堡（刺激物）可能對自己的健康不利，但這不是最初的念頭。一開始的念頭是起司堡嘗起來有多麼美味，於是我們把注意力放在想像的刺激物上。然後透過香味、觸覺、味道等多感官的詳細闡述，尤其又藉由與刺激物的情感連結，我們探索了吃起司堡的過程。藉由一次次地重播詳細闡述，我們演練了這個過程。這導致我們以特定的方式做出反應：渴望吃到起司堡，因爲它會帶來情感上的滿足。我們會像卡通人物荷馬．辛普森一樣，一邊幻想，一邊流口水，目光呆滯地望向遠方。

如果你不喜歡起司堡，情況也是如此。比方說，你曾因起司堡而食物中毒。透過多感官注意力，你詳細闡述了刺激物，重播了不好的經歷，然後看到起司堡時，你的反應是覺得噁心，而且會迴避它。

詳細闡述的重要性就在於：多感官接觸到的細節。當一個自發性念頭浮現時，你會意識到有一個讓你詳細闡述這個念頭、接著進行演練的機會。這個機會是你的改變之窗，它會開啓大約兩秒鐘。

你體驗到一個念頭，並且接受它。比方說，你看著天空中的一朵雲，然後有機會在腦海詳細闡述：思索它的形狀、大小、顏色、產生的影子、移動得快速與否。要不要在腦海詳細探索，始終是你的決定，而選擇探索什麼很重要，因爲這一刻是你的「選擇點」。在這個「選擇點」，你有機會選擇另一個以自己目標出發的念頭。

你可以探索詳細闡述的三個要素來掌控自己的「選擇點」，進而開始做出更好的選擇。詳細闡述理論的應用實踐是建立在記憶上，特別是英國心理學家巴德利和希奇提出的「工作記憶模型」。⑬這個模型說明了資訊如何從感官接收，並在大腦處理。一般資訊或刺激物進入意識時，我們會關注它，接著大腦的一個部位（所謂的「中央執行系統」）會將資訊分送給三個系統：

一、語音迴路（你的內心聲音）。

二、視覺空間模板（意象）。

三、事件緩衝區（對特定事件的記憶）。

我們來認眞思索一個例子：現在帶入「檸檬」這個詞，讓腦袋先漫遊一分鐘。當你聽到自己說出這個詞時，會想到什麼？

花幾秒鐘想一下這個詞。

起初，你把注意力和專注力放在這個詞上，念出來之後，在腦海裡回憶這個詞的意思，這可能觸發了多感官意象，這就是詳細闡述。當被要求「花幾秒鐘想一下這個詞」時，你在腦中重複它，引起更多的詳細闡述，接著你開始演練，而且可能還沒停止。

當這個詞在你的腦海重複時，如果你能記住它是什麼，那它正從你的短期記憶移到長期記憶。這種聽覺的重複就是所謂的「語音迴路」，也是認知的喋喋不休或自言自語。通常大腦裡的聲音會觸發下一個系統，也就是「視覺空間模板」。*

你可能已經在腦海裡畫出了檸檬，或許也欣賞過它的亮黃色，看見表皮上的小凹洞，想過它握在手中感覺會有多重。你可能想像過將檸檬拿到鼻子前聞到香甜的柑橘味，也在腦海裡將它切片，想像每一片檸檬的果肉呈現出的花朵狀圖案。甚至幻想過調製一杯琴通寧。（還是只有我們這麼想！）

當你想像檸檬時，可能也在腦海裡將自己置於一個熟悉的地方，或許是你的廚房，或者你想起了具有某種意義的特定記憶或時刻。這個時間戳記是第三個系統，稱爲「事件緩衝區」，同時爲詳細闡述增添了熟悉感。

事件緩衝區可能是三個系統中最重要的一個，這是由於我們時常回憶及詳細闡述一些事件，例如：生日、節日或重大生活事件，因爲它們對我們具有意義。事件緩衝區就像記憶的掛曆，上面圈著重要的日期。爲了理解這種動態，我們來點有趣的事，比如把注意力集中於你去看現場演出的第一支樂團。當時你在哪裡？什麼樣的場地？氣溫多少？你和誰在一起？發生了什麼事？當你想到這件事時，花點時間思考記憶背後的意義。它爲什麼很重要？那是哪一年？蓋有時間的戳印？

重要事件的意義會激起多感官的詳細闡述，如果意義深長，我們更有可能進行演練。事件緩衝區是「選擇點」的基本組成部分，因爲它涉及你的**爲什麼**，也就是引起最詳細念頭的意義，最後還成爲你的工具，在充滿挑戰的種種時刻激勵你、啓發你和增強你的動力。

當你回想或預想一個重要事件時，三個系統會互相連結：事件喚起情緒、視覺系

＊作者注：如果你沒有察覺到自己在重複這個詞，請務必注意，從帶入這個詞開始，我們到此刻都還沒有提起它，因此你一定已經記住了，並且能立即想起來。此外，在帶入後到現在又過了二十多秒，這個詞已在你的長期記憶中，可以說你接下來的人生都會記住本書的這個段落。

統在你的腦海描繪場景或物體，於是內心開始喋喋不休。如果事件沒有依附的情感，比如通勤上班或從甲地到乙地的長途開車，我們就很難記住它的發生；除非發生不尋常的事，場景因而多了情感。不過，我們確實會回想起家庭事件或與朋友在一起的時刻，因爲事件代表的意義和情感，以及我們詳細闡述的事件細節和允許的演練。同樣的，我們也會記得創傷事件。它們有改變我們行爲的力量，讓我們在衡量任務的利害得失時迴避風險。因此，像艾瑞絲跳水失敗這樣的創傷事件，會致使我們重新評估自己對風險的看法，並可能影響我們做出的選擇。

想像一下自發性念頭共同存在，而每個念頭都在自己封閉的盒子裡。當一個自發性念頭的盒子進入腦海時，你不知道裡面是什麼念頭，或者不管它是正面、還是負面的，直到打開盒子看。透過開啓盒子來看，你已經決定關注這個念頭了，接著就可以選擇全面詳盡地檢視它。我們稱這爲心理學的「薛丁格的貓」。

埃爾文．薛丁格是奧地利量子物理學家，他提出一個盒子裡不能同時有多個粒子。爲了證明這項觀點，他創造了後來被稱爲「薛丁格的貓」的假想實驗；假設貓和毒氣一起放進密封的銅盒內。毒物有五〇%的機會釋出，如果釋出了，貓就會死掉。因此，如果盒子保持密封，貓可能處於兩種狀態：死的**和**活的，因爲我們不曉得毒物是否已經殺死貓。只有在打開銅盒時，才能看到一個疊加狀態塌縮：貓不是死了，就是活著，不可能既死又活。

就我們的過程而言，唯有當你查看念頭盒內部時，才會發現念頭當下的狀態。這個念頭可能與任何東西有關，比如一條魚、一根蘿蔔、一張沙發，你要看了才會曉得。所以，儘管你每天都可能有成千上萬個自發性念頭盒，但一次只能關注一個。就好像搭火車旅行，一次只能體驗一趟旅程。

讓我們打開一個盒子，瞧瞧裡面有什麼。想像裡面有一個裝著液體的杯子，然後詳細闡述杯子的顏色、大小、溫度、感覺、重量、氣味和細節。想像拿起杯子啜飲一口，以及杯中液體的味道和溫度。這時，你正藉由添加詳盡的細節來探索一個念頭。如果這個被詳細闡述的念頭帶來愉快的體驗，你可能會想演練這個念頭，過程中也許會開始感到口渴。

現在，讓我們打開一個新的念頭盒，裡面有一個披薩。讓這個盒子繼續開著，並詳細闡述細節：它的觸感、溫度、味道……就像變魔術一樣，杯子不見了！這是因爲你一次只能打開一個盒子、詳細闡述一個念頭，當你一關注新盒子裡的新念頭時，舊盒子立即會蓋上。*

盒子（或說自發性念頭）的傳送帶透過你大腦中的地下神經網路，將念頭從無意識傳送到有意識狀態。然而，正確的提示或刺激物觸發自覺念頭的速度，有可能比觸動不自覺念頭還快，這讓你更有機會打開裡面是正面念頭的盒子。當然，只有你給予更多關注並打開盒子，才會知道盒子裡有什麼念頭。接著你有兩秒鐘的時間，要麼蓋上盒子（如果這是一個不必要或無益的念頭），不然就是讓盒子開著並詳細闡述。

你一打開盒子，詳細闡述隨即開始。在這一刻，「選擇點」的馬表會開始計時，你有兩秒的時間做決定。如果檢視這個念頭超過兩秒，你就會進行詳細闡述，接著開始演練，進而產生情感，這往往導致行為的發生。或者你蓋上盒子，用正確的提示和訓練，那麼這個念頭就會消失。這個念頭不僅在那一刻消失，而且它的威力也會衰退。讓它消失的次數夠多，你就能把那些便宜行事的念頭打發走。

懸崖跳水運動員艾瑞絲因為比賽期間發生的事而生起不必要的討厭念頭，並對這個念頭詳細闡述了好幾個月。為了幫助她控制這個反覆出現的念頭，強納森與艾瑞絲一同處理以下三個問題：是什麼觸發這個念頭？我們能轉移她的注意力嗎？應該將她的注意力轉移到什麼地方？藉由回答這些問題，艾瑞絲能重新訓練自己詳細闡述和演練的過程，把它們從負面轉向正面。

艾瑞絲像偵探一樣，檢視自己的習慣，並把留意到負面自發性念頭悄然出現的確切時間記錄下來。覺察到提示，讓艾瑞絲和強納森能分析她的念頭盒什麼時候會出現。接下來，強納森要艾瑞絲做的是尋找解決方案，限制觸發創傷性念頭的提示頻率。

艾瑞絲留意到自己看手機時，負面念頭出現得最頻繁，因爲手機背景圖是她站在懸崖頂的照片。儘管這張照片是在意外發生前拍的，但瞥見它仍舊有提示作用，進而觸發一連串引起壓力、焦慮和恐懼的詳細闡述和演練。

接下來一星期，強納森請艾瑞絲制定一份可以減少負面自發性念頭強度和頻率的行

---

*作者注：有時，如果你繼續在披薩和杯子兩個念頭盒之間來回穿梭，這兩個念頭可能會合而爲一，然後通常在你一次同時經歷兩個念頭盒的時候（同時吃披薩和用杯子喝飲料），又創造出一個新的念頭盒。不過，如果發生這種情況，你或許就有理由爭論「薛丁格的貓」究竟是否同時既死又活了。

動清單。

她的第一個策略：將手機螢幕保護畫面換成中性圖片。這樣一來，就能減少看見觸發她生起負面自發性念頭提示的次數。結果，她詳細闡述這些念頭的強度也減弱了。

第二個策略：將她帶回水中，享受從五公尺高台跳水的樂趣。

第三個策略：專注於以前的一個重要跳水賽事——那個讓她意識到自己特別喜愛這項運動的比賽，並在收拾平日的訓練袋時，詳細闡述這個正面事件的念頭。

艾瑞絲持續建立自己詳細闡述和演練正面念頭的細節，這個過程減少了負面的念頭。她和強納森每週都會改進她的策略，比方說，使用旁觀的意象（從她坐在池邊觀察別人開始）；在等待跳水時，使用諸如以藍色毛巾擦雙腳的提示來啓動意象；利用以特定節奏打三個響指之類的提示開始她的跳水。每個提示都將她的注意力轉移到爲什麼要跳水，以及當前要改善跳水過程的哪個目標，比如在轉體中快速移動臀部。到了第六週，艾瑞絲再次從懸崖上跳水。

爲了恢復像以前那樣跳水，艾瑞絲會猛力提醒自己**爲什麼**。「爲什麼要跳水」的念頭之所以強大，是因爲這對她來說意義深長，以及持續追求自己目標所經歷到的種種。

當負面念頭像先前一樣浮現時，她接受這些念頭，並將注意力轉移到自己的動機、承諾和當下的機會。一個經過詳細闡述的自發性念頭有可能決定我們的未來，無論好壞。除非我們了解自己的念頭如何產生並學會調整自己回應的方式，否則對我們來說，這些「選擇點」具有改變我們思維模式的影響力。

透過意象訓練、探究「選擇點」，以及藉由控制心理叛變，艾瑞絲在強納森的幫助下重新定義自己是誰。現在，她是世界排名前十的懸崖跳水運動員之一。

第2章 功能性意象訓練

刺激和反應之間存在一個空間。在這個空間裡，我們有能力選擇如何反應。在我們的反應中，又蘊藏著自己的成長與自由。

——維克多．弗蘭克，奧地利心理學家

醒來的那一刻，你就可能遭遇到「選擇點」。你可以立即伸手去拿手機，滑個十五至三十分鐘。另一個選擇是起床，在一天的開始，把自己視爲優先考慮對象，可以去散步、游泳、打坐冥想或從事其他有建設性的活動。想想滑了手機後有什麼感覺。若起床打坐呢，那又會是什麼感覺？與第一個選項給你的感覺比起來，這個感覺怎麼樣？

要是我們說可以教你一種方法，一天若練習三分鐘，就有助於掌控這些選擇，進而實現自己的目標，並爲生活各方面帶來更多樂趣，你覺得怎麼樣？練習的天數愈多，愈能做出對自己目標有幫助的決定。而且，一天三分鐘不僅會帶給你正面的影響，也會對你周遭的人產生有益的連鎖反應。

我們爲名爲「FIT」（功能性意象訓練）的方法創造三分鐘練習，是我們意象訓練計畫的一部分，它是很強大的工具，可以幫助你選擇的行動和態度，更接近自己目標，而不是離目標愈來愈遠。

醫療科技公司 Stratus 的執行長查理．阿爾瓦雷茲（Charlie Alvarez）是我們第一批企業客戶裡的個案。他來找我們時，只有一個簡單的目標，就是想贏得大學同學會一年一度的高爾夫球賽，距離比賽僅剩四週時間。具體來說，他想學會在壓力下控制自己的情緒。如果錯失一桿，他往往會讓那一桿的記憶像滾雪球般擴大，並毀了自己的比賽。因爲他找我們的動機是爲了實現一個具體、清楚的目標，所以我們能立即開始。經過四星期的意象訓練後，查理做好準備並贏得了比賽。

不過，比贏得球賽更重要的是，這鼓舞了查理開始使用意象來應對其他挑戰。在首次訓練結束近一年後，FIT成了查理自然而然的習慣。這個方法不僅讓他在高爾夫球賽表現得更好，也改變了他管理自己和別人的方式。這與減重研究中觀察到的始料未及結果一樣。一旦人們了解意象發揮的作用，就會繼續使用它。

我們在許多個案身上發現：當他們用FIT掌控自己的「選擇點」時，會進一步教其他人也這麼做。舉例來說，在某次主管會議上，查理的團隊有一位成員態度非常負面與尖酸刻薄，造成分裂，也影響士氣。查理很生氣，但他想起FIT是怎麼幫助自己在高爾夫球場上控制憤怒。

查理有選擇機會：可以氣憤地回應，或者可以花點時間從長計議，放眼於對公司及自己有益的目標。他回到家、遛狗，同時利用受過的FIT訓練想像自己希望的結果。

感覺情緒平靜下來時，查理打電話給同事，帶著好奇的口吻問了幾個問題，例如：「你覺得會議開得怎麼樣？」「你得到自己想要的嗎？」

查理並不是在指責，而是真的關心。結果，這位主管是能自我反省的人，明白他的態度對自己和團隊產生的負面影響。在接下來的會議，他就帶著不同的態度來開會了。

我們倒回前面一點。如同我們提到的，不是每個人都像查理。很多人來尋求我們幫助，但對於改變卻搖擺不定。他們需要方法來探究自身的抗拒與挖掘自己的動機。我們用一種行業標準的對談方式激發動機。以下是這個方式的緣由，以及為什麼它對ＦＩＴ至關重要。

為改變建立論證

這裡一定要先提敬業的研究人員，才能談ＦＩＴ。他們通力合作，更深入了解可以幫助個案改變的最佳方法。一九八〇年，美國心理學家威廉．米勒（William Miller）與人合寫了一篇關於酗酒的研究論文，當中披露個案的成功有六七％與治療師的同理心有關。①幾年後，米勒發表了一篇論文，提出同理心對話的架構。支持性的對談風格讓個案能為改變建立論證。②這是一次典範轉移，為名為「動機式晤談」的輔導領域奠定了基礎。

我們可以追溯得更早一些，並讚譽美國心理學家卡爾．羅傑斯（Carl Rogers）的創新研究，以及他提出「以人為中心治療法」的諮商方法；該方法的核心概念是每個人內在都有解決自身挑戰的智慧。羅傑斯認爲，優秀的治療師所要做的是傾聽，而不是當「專家」。羅傑斯的方法與動機式晤談法之間的一個關鍵差異在於：動機式晤談的輔導員使用四個連續過程（導入、聚焦、喚起和計畫）來引導對談，進而採取行動。羅傑斯的方法則不引導對談。

米勒非常認眞看待羅傑斯的方法。當米勒受邀以角色扮演的方式向一群挪威的心理學學生示範他建構同理心的技巧時，他認眞傾聽並回答他們的問題。這是同理心對話第一次從概念被分解成過程。它成了動機式晤談的輪廓。

不久之後，米勒認識了心理學家史蒂芬·羅尼克（Stephen Rollnick）。羅尼克讀過米勒有關動機式晤談的論文，並在英國教導輔導員如何在健康照護上使用這種訪談。米勒說羅尼克已理解到這個方法的「精髓」，兩人合作撰述了一本關於動機式晤談的書，且截至本文撰寫時，已使該技巧發展成心理治療中研究最多的訪談法。③目前有五百項研究與動機式晤談有關。

了解動機式晤談

動機式晤談的研究已有四十年的歷史，也是迄今激發動機最有效的介入方法，在成效上優於傳統建議的七五%。④

藉由合作、慈悲、喚起、接納，這種「以人爲中心」討論目標的方式，促進了個案與輔導員之間的夥伴關係，這就是動機式晤談的精神。要實踐這種精神可以透過熟練的溝通，比方說：

- 提出開放式問題（例如：我們來聊聊你今天做了什麼？）
- 肯定（例如：你今天做得很好，準時出席那場會議。）
- 反映（例如：聽起來你早上壓力很大。）
- 摘要（例如：你遛了狗、幫小孩準備好上學、爲晚餐採買，然後在上午九點的會議前去衝浪。）

如果是菸癮問題，個案已經知道繼續抽菸的後果，因此一再重申對健康的負面影響不太可能引起他們的轉變動機。

開始與個案合作時，發現他們最初抱持的目標到最後並不是他們選擇實踐的目標，這是很正常的。以抽菸問題爲例，個案來的時候，抱持的目標是戒掉這個習慣。我們可以探討戒菸的方法，以及戒菸能改善健康的理由，但這並不是使用動機式晤談的標準途徑。我們應該改換成先和個案**進行對談**，討論他們的抽菸史，確定他們的故事與**核心價值觀**，然後才深入探討目標。

我們一開始可以說：「跟我聊聊你的經歷」或「你空閒時都做些什麼？」這些問題是新朋友可能會問的，因爲他們是眞的感興趣。問這些問題是表現同理心的一種方式。探討目標和價值觀時，我們聽到的回答往往包括：「我享受週末的家庭時光與散步」或「我和朋友一起做運動，常常鍛鍊身體」。一開始，這些是我們有興趣更詳細探索的行爲，不見得一定是抽菸。一旦對談開始，我們就開始關注目標。我們並非使用「戒掉」和「停止」這類語言，而是改變提問方式，讓價值觀與心態、態度緊密聯繫一起。

舉例來說，輔導員可以說：「你說過喜歡和家人共同從事一些活動，還有你爲了保持健康而運動。這麼聽來，健康和家人似乎對你很重要。可以告訴我這麼說貼切嗎？」

此時，我們指出與實情不符之處，引起矛盾心理。矛盾心理是動機式晤談的核心所在，因為就在這種時刻，個案會插話：「可是／也許。」我們時常聽到：「健康對我是很重要，**可是**抽菸是我緊張一天後的放鬆方式。」

我們也會聽到：「我之前有試著戒菸，但無法堅持到底。**也許**這次會不一樣。」

對於他們的答覆，我們會這樣回應：「你能想想，自己曾做過一些挑戰重重的事，還取得成功嗎？」這有助於個人藉由過去的經驗導入、反思，並建立信心。

在動機式晤談中，下一個過程是透過提問題**喚起動機**，問題可以像是：「為什麼改變對你很重要？」與「你現在準備好開始了嗎？」這些問題促使**改變談話**，輔導員者會聆聽，並利用這些談話將對談引向預期的目標。

個案可能會說：「我覺得自己需要減少抽菸的根數」或「我想慢跑會比抽菸更能控制壓力」。在訪談法的每個部分，輔導員從不提供解決方案。個案會解決難題。為什麼？因為他們在見到輔導員之前，往往已經隨意想到解決方案，也想像到需要付出艱苦努力。但他們要有動機幫助，同時制定計畫。

最後一部分是確定**計畫**。這個計畫再次由個案主導，聚焦於他們如何在設定的時限內付諸行動。此時，我們通常會鼓勵個案對於能否順利達成任務，從〇（我不相信自己可以改變）到一〇〇（我有十足信心自己能改變），爲自己的信心程度評分。這個分數揭露了個案的樂觀、消極、掙扎和可能存在的挑戰等，不僅可以用來評估個案目前對改變的看法，還能爲他們的需求量身制定出實際可行的計畫。

使用動機式晤談改變行爲的證據令人信服。[5]除了有效，也被積極用於治療難以抑制的渴求、增強運動的堅持度、降低壓力和焦慮、減重，甚至提升運動表現。如果它這麼有效，你要解答的問題是：「爲什麼改造它？」因爲當我們在對談期間的關鍵時刻納入意象使用，FIT**的效果比單獨使用動機式晤談的成效高出五倍**。

以動機式晤談爲基礎創建的FIT

FIT與動機式晤談一樣，都是心理學家研究成癮問題（特別是渴求和欲望）而開發的。[6]經過普利茅斯大學心理學教授潔姬·安德拉德（Jackie Andrade）和喬·梅伊

（Jon May），以及昆士蘭科技大學教授大衛．卡瓦納（David Kavanagh）帶領的二十年研究，這個方法已被錘鍊成我們現在所稱的ＦＩＴ。

他們最初的研究著重在記憶、創造力和意象，並與許多人合作，從成癮患者到期望更有創造力的舞者。⑦ＦＩＴ的應用方法相對比較新，第一個計畫是探究一種讓人戒掉零食的方法，⑧之後進展到如何養成健康習慣。其實就是，如何教人使用意象來渴望獲得自己想實現的目標，而不是屈服於立即的欲望。橫在他們面前的是很大的挑戰，因爲人類很難想像不吃或不喝某種東西的益處，無論餅乾或調酒。他們在應對這類挑戰時，可以藉由小行動和設定短期目標來專注於建立信心，而加總起來就會是長期的成功。

在本章一開始提到的執行長查理，從提升高爾夫球賽的表現開始，最後連自己的領導能力也增強了。ＦＩＴ並未讓他感受到長期目標的壓力，而是將目標提出來討論，然後專注於日積月累的日常選擇。有些選擇就是「選擇點」，像是如何管理情緒；有些則屬於重要決定，在做出判斷前需要深思及合作。

所有研究人員都會面臨的關鍵問題是：闖入型念頭（比如喝一杯酒的念頭）是否能被爭奪你注意力的另一個念頭重新引導或取代。答案是肯定的：只要你用來取代的念頭類型涉及詳細闡述（例如：想像一隻老虎，牠的身形、大小、顏色），原先令人心情舒暢的喝酒念頭就會消失。⑨

強納森還是普利茅斯大學的博士生時，他與琳達．索布里格的指導老師是潔姬．安德拉德和強．梅伊。琳達（主要與安德拉德一起工作，並接受她的動機式晤談訓練）為減重開發了FIT，而強納森（主要跟在梅伊身邊研究，同時接受他的動機式晤談訓練）最初在運動表現方面使用FIT。同時間，大衛．卡瓦納繼續在澳洲研究難以抑制的渴求及栽培他的團隊。這些為數不多的研究人員將FIT發展成如何使**意象**融入到動機式晤談精神的基本原則。

從這之後，為了能適合合作對象、解決傳達溝通的時間限制，以及找到方法可以和一些因為某種理由而無法使用意象的人合作，每個開發者都在持續改良FIT。強納森一開始在分別與個案和研究參與者合作時，使用的是傳統的FIT，但後來改良了這個方法，讓它能與團隊一起使用，在相對較短的時間內完成，滿足團體的需求，同時對於在某些方面（例如：運用視覺化）有困難的個人（通常是團隊中的成員），又可以量身打造方法。

爲什麼FIT能讓人堅持下去？

意象能喚起情感，而情感比談論改變行爲更能形成行爲。想像未來是每個人都會做的事，但FIT教你如何把它變成與自己目標連結的日常習慣。FIT之所以有效，是因爲它藉由重新導向和取代可能造成你放棄或降低自己目標的念頭，創造了一種深思熟慮的方式來掌控你的思維。

它有效，也因爲它改變了你內心的喋喋不休，原因在於，你告訴自己的故事也很可能會產生意象。透過教你理解與掌控自己的想像力，FIT幫助你對自己獲取成功的能力更有信心，也因爲提前計畫，有助你變得更嚴謹與認眞。還有，在過程中遇到不可避免的挑戰時，它也能幫你不斷地往前邁進、堅持不懈。

你的FIT初體驗

如同前文提到的，FIT從對談開始。在這本書中，我們將對談模式改編成寫日誌

【圖表2-1】

接納	友誼	秩序
準確	樂趣	熱情
成就	慷慨	歡悅
冒險	真誠	聲望
吸引力	天意	權力
威信	成長	目的
自主權	健康	理性
美好	有助益	務實
關愛	誠實	責任
挑戰	希望	風險
改變	謙虛	浪漫
舒適	幽默	安全
承諾	獨立	自我接納
慈悲	勤勉	自制力
貢獻	內在寧靜	自尊
合作	親密	自知之明
禮貌	公正	服務
創造力	知識	性欲
信賴	悠閒	簡樸
本分	被愛	獨處
生態	深情的	靈性
興奮	精通	穩定
忠誠	正念（覺察）	包容
名氣	溫和	傳統
家庭	一夫一妻	美德
健壯	不落俗套	財富
彈性	培育	世界和平
原諒	坦誠	

的練習，提供了典型的動機式晤談的問題做爲提示。儘管這種方法和在治療室與你對談不同，但這些問題仍然可以讓你探索自己的核心價值觀，因爲它們與你的目標有關。由於訴說故事是人們在對談中常用的溝通方式，所以我們也增添了說故事的特色。如果我們是直接面對面，你也會以類似的方式分享自己的故事。

日誌是你誠實面對自己、可以展現脆弱之處，也是你學習如何最有效地朝著自己目標前進的地方。它是念頭的孵化室，你可以在這裡大略寫下來，再靜下心來沉思和感受。通常，當你孵化這些念頭時，會開始在腦海並帶著情感來計畫未來的事。孵化是將新想法與舊想法相混合，產生與你、你的目標有關的全新觀點。寫日誌的最後一個原因是，它可以讓你追蹤自己的嘗試和錯誤，這樣你應對挑戰和日常生活的方式會愈來愈好，同時做出最適合自己方式的改變。

第一個寫日誌的練習，主軸是了解你的核心價值觀。這有助於讓目標和價值觀維持一致，讓自己的願景和行動同步。【圖表2-1】列出米勒和同事在著作中提及的八十三個價值觀。⑩瀏覽過後，請寫下對你最重要的。若沒有包含你想到的價值觀，儘管加入。

你如何體現自己的價值觀？先停頓一下，花點時間檢視你是如何實踐自己的價值觀。

在你的日誌裡，仔細想想並寫下：

· 排名前五的價值觀。
· 哪些價值觀反映了你的個人目標？
· 當你因時間而只能在兩個價值觀中擇一時，例如：健康和家庭，你會怎麼處理？

現在來確定你的行動是否符合自己的價值觀吧。舉例來說，如果你已將家庭列爲核心價值觀，卻未能與家人保持聯繫，那你的價值觀和行動之間就存在矛盾。同樣的，如果你的價值觀是健康，但沒有定期運動或飲食經常不健康或抽菸，這是另一種不一致。

反過來說，也許你與自己的價值觀保持一致，每天也在實踐。如果是這樣的話，你可能善於安排好工作的優先順序，也因爲這樣，生活品質可能比較好。如果感覺自己眞的「辦到了」，你的行動又大多與自己的價值觀一致，那請隨意瀏覽下一段，直接往下讀「你的故事」小節。

大多數人都在不平衡的狀態，因爲很少按照自己的價值觀過生活，也不探究自己的心態、態度及思考目標的方式。我們的價值觀未必會一直引導自己做出期待的行爲。運動員通常將健康、獲勝及強健列爲他們排名前五的價值觀，但艱辛的訓練結束後卻吃巧克力或速食犒賞自己。嘿，我們可不是說這樣絕對不好。完成困難工作後享受一下獎勵，是有一些益處，只要適度就好。在我們的價值觀和行動之間找到平衡，有時可能需要隨心所欲一點，但這些放縱應當要有所節制。運動員與其說健身後直接吃一條巧克力棒，不如換一種說法：「我可以晚上喝杯茶放鬆一下時，配點巧克力。」這種做法能帶來平衡，又不會與運動員認爲自己要健康的心態相衝突。

你的故事

在很大程度上，你經常告訴自己的故事會揭露你的自我感和周遭世界。你的故事就像書一樣，也有主題，當中包含了反派、主角、配角、旅程，以及可以預見的結局。故事發生在你的想像裡；它們會融入你的感官與情感。故事會迫使你前進，不然就是讓你停滯不前。它們比現實更能集中你的注意力，並影響你的行爲。

五天的自我探索

這是一系列寫日誌練習的第一個。盡量不要現在就全部寫完，倉促地完成這些練習，也不要草草看一遍，在沒有從容的時間下完成它們。這不是限定時間的考試。這是你開始重新改造舊習慣、改善你與自己目標一致性的方法。

五天的寫日誌練習

為期五天的寫日誌練習，會讓你擺脫便宜行事、多巴胺驅動的系統，進入大腦的更高層次，你會在這裡和自己的意義感、直覺及想像力相連。當你完成本書概述的自我探索過程時，可能會注意到有些部分執行起來很有挑戰性，因為這些想法是新的，或者與感覺正常的想法不同。出現這種情況時，可以放慢速度，坐下來，如果想寫就寫，然後深入思索這個概念後，再回到這個部分。像支持你的朋友那樣對待自己。也就是說，對自己要和善與慈悲，因為自我觀照（思考自己的想法）可能不是那麼容易。

我們從幾個寫日誌的提示開始：

第一天：留意你分享的故事。注意在會議上或遇見陌生人時，你怎麼介紹自己。記住這是一個觀察練習，沒有正確或錯誤的答案。你不是在接受評判，所以請別對自己品頭論足。純粹觀察，然後在日誌裡寫下你的觀察。

第二天：花五分鐘停止勾選代辦事項的方框，安靜、不受打擾地認真思考以下問題：你的故事是什麼？記下任何浮現的主題。

第三天：像昨天一樣，再花五分鐘安靜、不受打擾地回答以下問題：你的故事對自己有何幫助？它又是如何阻礙你？

第四天：為了讓自己更接近夢想，你的故事需要改變什麼？

第五天：回顧昨天的提示，若能做出那個改變，你的生活會是什麼樣子？

既然你已經放慢速度來了解自己的前五名價值觀和自己的故事，我們希望你感受到更多的自我覺察與理智。與你的自我感、價值觀連結在一起很重要，這種連結會引領你忠於自己、你設定的目標，以及對周遭的人眞誠。激勵自己朝著夢想目標前進、了解什麼成就了你，這是第一步。現在，開始來探索受到激勵和承諾之間的差異，以及如果想成功，你的目標爲何必須源自於自己的價值觀。

第3章 承諾

承諾開啓想像力的大門，讓我們擁有願景，也擁有使夢想成眞的必要本事。

——詹姆斯．沃馬克，精實企業體學院創辦人

當凱撒大帝率領麾下軍隊橫渡盧比孔河進入羅馬之際，他說：「大局已定。」他知道這條淺河是羅馬共和國與行省之間的邊界，越過它，等於挑起了一場內戰。越過盧比孔河的懲罰就是死亡。凱撒大帝和他的壯士要想平安返家，只有一條路：贏得勝利。一旦戰敗，他們必然全軍覆沒。用現今的話來說，盧比孔河代表了**「沒有退路」**，就像辭職、生小孩或跳傘一樣。穿越有象徵性的盧比孔河，需要你我大多數行動所缺乏的果

斷。這是你在知道行動可以改變自己命運時所冒的風險，一旦做了，就不再有選擇的餘地。沒有退路了。不過，你追求的大部分事情，都會遇到許多打退堂鼓或放棄的機會。

大多數人都想堅持計畫，但往往在最困難的關頭沒有堅持下去。吃餅乾或不吃餅乾、求助或不求助、早起運動或繼續賴床……在每一個關鍵時刻、在面臨選擇時，我們要麼做讓自己更接近目標的事，不然就是做阻礙自己的事。我們稱這些爲「選擇點」。

在這一章，你會了解如何跨越盧比孔河與「選擇點」，也探究在任何情況下鞏固承諾的關鍵要素，除非你決定不再堅持下去。最後，唯有你能決定自己是否帶著願景持續前進或就此放手。如果決定盡力去做，你會在本章找到指引，而且在追夢過程中的孤單與黑暗時刻，找到激勵來源。你最後得到的結論也可能是：繼續的代價大於獲得的好處。在這種情況下，可以在你的「放手點」選擇一條新的途徑。

喬安娜在一九八五年首次聽到有關穿越盧比孔河的挑戰，當時她的父親老艾爾・格羅佛和哥哥小艾爾・格羅佛打算駕著一艘船尾掛馬達的小汽艇橫渡大西洋。

這對父子出發的前一晚，隨著逐漸認清實際存在的風險，他們藉酒精和食物澆熄憂慮。第二天早晨，他們懷著不安的心情啓程了。兩人一離開港口，風就變大，海面也上漲了。他們沉默不語，各自陷入深思。接著漆黑一片，暴風雨襲來。沒有從陸地點亮的燈光指引，小艇如塑膠瓶一般在海上翻騰。船上的蔽身之處有限，也沒有暖氣。他們知道會有好幾小時、甚至幾天都不可能感到乾爽、溫暖和平靜。突然間，航行四千五百公里的想法似乎不像前一晚在慶祝下水派對上那麼吸引人。

他們的動機變弱了，還自問：「這趟航行值得嗎？」

小艾爾回答：「怎麼可能值得。我們可以回頭嗎？我不想航行了！」

老艾爾說：「太遲了。」他估計他們無力對抗這種盛行風和大浪。船身配備的兩部六十五馬力馬達與三十幾公分的螺旋槳，沒有足夠的推力將他們帶回岸邊。啓程的決定不能反悔，他們已經穿越盧比孔河了。

整整兩週，大海多半都在驚濤駭浪中。出海十七天後，在距離他們的第一站亞速爾群島（葡萄牙附近的群島）大約一百六十公里之處，這對父子得知他們會迎面駛向颶風「克勞德特」。

四十八小時後，暴風雨過去。兩個人遍體鱗傷、憔悴、體力快不支，也比二十一天前離開加拿大時消瘦九公斤，但他們挺過暴風雨。現在，他們各自面臨「選擇點」。

小艾爾決定留在亞速爾群島，不再前往更遠的地方。隔天，老艾爾打電話給妻子蘿絲瑪莉，讓她知道兒子已經放棄，航海之行告終。

他說：「結束了，我放棄了。」

蘿絲瑪莉回他說：「不行，你不能放棄。你必須完成這趟航行！我會請但丁過去。」那是他們的另一個兒子。在這個關鍵性的「選擇點」時刻，她嚴厲與堅定的語氣為老艾爾帶來重大影響。當他的內在資源耗盡時，妻子的果斷重新燃起了他的決心。他選擇繼續行進。兩天後，但丁飛抵亞速爾群島，陪伴父親完成前往里斯本的最後一千兩百多公里。老艾爾實現了畢生的夢想。

承諾要素

挑戰現狀需要承諾。如果是重大改變，比如你正考慮換工作，就會有一條盧比孔河要穿越。你會義無反顧，還是折返？本章末尾的練習有助於你在行動前，確定什麼才是自己真正想要的。

不論你的目標是什麼，每天都有機會在各種不同的「選擇點」增強自己的承諾。一般人每天會做六十至八十個有意識的選擇。在這些「選擇點」上，你會展露自己的承諾程度。你會選擇在那一刻退出嗎？或者為了改變，值得犧牲，然後選擇一條新途徑，讓你過的生活更接近自己嚮往的未來？當你始終如一地選擇後者，就會體驗到一種內在轉變，生起更大的自主感與生活滿足感。你從一名乘客變成了自己人生的司機。

如果你遭遇到困難和挫折，堅持到底的決心必須源自內心深處，最好與意象、比你更強大的人事物連結。老艾爾想像他和自己的榜樣一起名留歷史，得到讚譽。他讀過約書亞．史洛坎船長、法蘭西斯．德瑞克爵士及法蘭西斯．奇切斯特爵士的航海歷險故事，並想像自己參與其中。他欽佩他們為自己的國家、人民、盛譽所承受的一切，以及渴望做前人未做過的事。老艾爾知道自己橫渡的是一輩子難忘的旅程。完成這次旅程是他渴望留給後人的禮物，他願意冒一切風險。他的兒子小艾爾並未擁有相同的願景或決心，這是他選擇不完成任務的根本原因。

動機會時強時弱，但承諾不一樣，它是不會動搖的。你要麼承諾，要麼不承諾。這個事實可能難以接受，也令人不敢面對，因為違背承諾就等於違背內心的契約。在人生的某個時刻，你可能說過：「我承諾要變健康」「我承諾維護這段關係」「我承諾完成這個訓練課程」等等。這樣的聲明是你與自己訂立內心契約的開始，如果你的動機變太弱，也沒有工具和周遭的人能幫你再次聲明承諾（與重新承諾），你就可能會毀約。

覺得自己會一直「全力以赴」是不切實際的，但你時時刻刻的感受反映了不同程度的動機。只有遭受某種似乎會阻礙自己成功的心理或生理障礙時，你才會知道自己實際上承諾的程度。你可以決定全力以赴，或是選擇放棄。

☑ 鞏固承諾的四個要素

如果你有明確的初衷，不管遇到什麼障礙都要繼續下去，那透過四個關鍵要素，你就能在自己的承諾下建立比動機更強大的基礎，進而提高成功的機率。

要素一：有一個專心一意的目標

亞里斯多德在專著《論天》中提到一個故事：有個人身在食物與水之間，它們各自與他的距離相等，他因不確定而動彈不得。他又餓又渴，必須決定先往哪一邊走。如果比起和水的距離，食物離他更近，選擇還比較容易：他會先去吃食物，暫時犧牲水。但由於食物和水與他的距離都相同，他面臨了一個「悖論」。這個人由於無法決定先去哪邊，最後餓死與渴死了。這個故事給我們的啓示是：重要的不是你做的決定，而是對於足以致命的事做出決定與選擇所花的時間。在十六世紀，這個悖論被命名爲「布里丹之驢」，人的例子換成了驢子（也許有人會說這兩者很相似）。

在現今世界，布里丹的悖論（幸好通常不會導致死亡）仍然很普遍，尤其在職場中，優先考慮事項會相互競爭。舉例來說，你可能面臨到的一個問題是：要投入多少時間在工作和家庭上？這兩個目標通常都會分走你的時間，因此雖然你可能覺得有必要同時投入這兩個目標，但如果明確承諾其中一個目標要最優先，你就更有成功的機會。如果對兩個目標同樣重視，你很有可能兩個都失敗。也許你最終會不斷糾結於這兩個相互競爭的選擇，因而無法給任何一個目標付出足夠的時間或關注。你的折衷方式就是在專注重心轉換至家庭的時候，限縮自己的工作時間。目標的優先順序沒有安排好，往往導致蠟燭多頭燒，疲憊不堪。由於投入太多時間和精力在各種各樣的目標上，你可能會失去個人的意義及目的感。

儘管夢想遠大對你來說很重要，但朝著任何遠大目標努力時，小目標也很重要。比起同時要做多項改變，承諾一項改變，然後全心投入所需的意志力和動機比較少。一旦承諾一個從自己目標出發的決定，就會感受到比較少的闖入型念頭和意象，讓你預留更多空間聚焦在自己想要的，而不是可能分散你注意力的負面念頭和意象。剛開始的時候，爲了避免讓自己像布里丹的驢子，請選擇一個目標與一個行動，然後持之以恆。

不論這個目標和行動是大是小，只要對你很重要就好。它可以是一個小的目標和行動，比如在一天中增加幾分鐘的正念來減輕壓力；也可以是更大的目標和行動，例如：安排訓練計畫來改變世界看待即將到來的挑戰的方式。

要素二：一定要讓自己有支持後盾

大多數人一開始時動機都很強大，但在最艱難關頭，動機可能會消失殆盡，而且來到「選擇點」，這時我們會在瞬間做出決定：不是繼續，就是放棄。腦袋裡的聲音會說：「我做不到」「這不值得」「我該暫停一下」來誘使我們停止。到了這個地步，動機已經不夠力了。雖然任何人都有能力挖掘動機的表層，找到自己承諾的根源，並繼續堅持下去，但大多數人都需要外在的聲音，比如教練或所愛的人來告訴我們不要放棄。

老艾爾想放棄的當下，妻子成爲關鍵的支持後盾，幫助他度過決定性的回家還是繼續航行的「選擇點」。妻子曉得如果帶著挫敗回家，老艾爾會非常痛苦。正是妻子的鼓勵幫助他想起自己的目標，重申自己的承諾。

如果沒有支持你的配偶或人生伴侶，可以尋求朋友、其他家人的幫助、甚至僱請一名教練……任何你知道可以倚靠的人。在想放棄時，他們會提醒你「爲什麼」和願景，也幫你重申自己的承諾。你並非每次都需要進行對談，有時僅僅知道有別人支持、爲你加油打氣，就足以讓你度過躊躇不決的時刻。

擁有支持系統的另一層面是，幫助你在追求目標時，重新繼續完成可能沒有時間或精力去做而停滯的工作。支持後盾也不單指支持自己丈夫的堅強女性。我們和許多女性高階主管合作，她們都仰賴先生或伴侶分擔工作，以及維持家庭、家人和社會責任等每日例行事務。

藉由結交與自己擁有共同目標的「死黨」，你可以建立一個支持系統。在撰寫本書和開發全球教練輔導服務時，喬安娜與強納森能相互信任及彼此倚賴的支持。起初，這對不喜歡尋求幫助的喬安娜來說並不容易。對於喬安娜有一次的抗拒，強納森的第一個反應是：「我永遠支持妳。」他很樂意參與喬安娜的探索，使這本書和他們的全球教練輔導服務有機會成眞。

支持也會以社群的形式出現。爲了不再逃避自己的問題，小艾爾返回家中，並正視生活的現實。他開始定期參加天主教彌撒和祈禱，這給予他所需要的社群歸屬感。與菁英運動員或英國突擊隊成員合作時，我們也看到社群和相互支持的力量。

要素三：找到自己的核心，使用意象強化它

FIT從了解自己開始——也就是你的動機、你對改變的承諾。對少數人來說，了解自己不難：他們有一個明確的目標。對這個目標，他們已經想像了好幾年，甚至數十年了，也朝這個目標取得了成就。但對大多數人來說，就必須帶著友善、毫無成見的方式挖掘阻礙自己成功的執著意象，然後找到全新、更有助益的意象。你的意象是極其個人的，花點時間找出能打動自己情感的意象。它們可以是穿上自己最喜歡的合身洋裝或西裝，或是站在演講台上聽見群眾歡呼聲的意象。你的意象使用（或不使用）眞的能決定自己成功與否。

老艾爾在從港口出發的幾年前，就想像自己締造了一項世界紀錄，成爲首位駕駛尾掛馬達小艇成功橫渡大西洋的船長。他想像那股成就感、親人的支持、大海的味道、遠離陸地時的自由感，以及看著太陽從浩瀚海洋升起時啜飲咖啡的滋味。計畫這趟航行時，他滿懷豪情，活力十足。儘管不知道，但他使用了核心意象鞏固自己的承諾，讓他能克服重重困難，繼續完成橫渡大西洋的航程。至於小艾爾，他在啓程前，並未明確自

己的核心意象，而且這趟航行與他的目的感沒有關聯。因此，他最終選擇在結束前退出也就不足爲奇了。

告別一輩子與體重奮戰

在後文，我們會更深入探討意象及如何使用它，但此處提供一個簡單的例子，說明喬安娜的個案如何找到他的核心意象，並強化它來實現一個常見的目標：減重。

鮑伯這一生大多數時間都與體重奮戰。身爲內科醫師，鮑伯深知超重對身體造成的傷害。過去，他曾使用溜溜球型節食法減重，結果身心俱疲。在著迷鐵人三項運動的訓練期間，他曾兩次在六個月內減掉四十五公斤。當他再也無法維持熱量限制，加上訓練對身心的嚴格要求，耗盡他的意志力，於是不健康的飲食習慣又故態復萌，減掉的體重也全都回來了。每次發生這種情況都讓他覺得更糟。

他的妻子是運動員，聽說過 FIT，也鼓勵他試試看。二〇一九年四月，鮑伯超重了四十五公斤，找上了喬安娜。他的第一次 FIT 訓練療程是在五十五歲生日那天。他這麼安排是爲了送自己一份禮物。

鮑伯研讀了相關研究，準備好立即進入訓練。

「告訴我需要做什麼。」他說。

「首先，我想知道你的故事。跟我聊聊你自己。」喬安娜說。

「我從哪兒開始呢？」

「你想從哪裡開始都行。」

鮑伯說了幾個耐人尋味的童年故事。儘管父親對他缺乏信心，但他還是帶著成功與脫離貧窮的決心，離開從小生長的美國南方小鎮。父親曾對他說過：「你應該當水電工或空調修理工，而不是醫生。」言外之意基本上就是：**小子，你以爲你是誰啊？**

雖然已是成功的成年人，鮑伯內心深處卻有一個類似他爸爸的聲音在質問他，比如「你以爲自己比其他人優秀嗎？好吧，讓我告訴你，你才沒有！」鮑伯說已經準備好放下這段故事，不只是爲了自己，也爲了生命中所愛的人：他的妻子和兩名十幾歲的兒子。他想在不背負過去的身心包袱之下，與他們共度時光，行動自如。

「我不想再這樣下去了。」他告訴喬安娜。

「什麼樣？」

「不健康，不能走遠路，氣喘吁吁又痛苦。我計畫今年夏天與梅格、兩個兒子到歐洲旅行，我想和他們一同散步，探索新的城市，全家人在一起。這是馬克斯上大學前，我們想趁機把握的一趟旅行。」

「如果病患像你這樣，你會告訴他們什麼？」

「他們辦得到的，我會幫他們擬計畫。」

「你這麼說很爲他人著想，他們很幸運有你。」

「謝謝。」

緊接著，喬安娜帶引鮑伯進入他的意象。

想像你能穿越時光，到五十六歲生日那天。那時的你曾想達到健身目標，但生活成了阻礙。你屈服於腦袋裡的聲音，說自己並不值得。因此，什麼都沒變。停一會兒。你在五十六歲生日的早晨就要起床了。留意房間的顏色、聲音和光線。深吸一口氣，你聞到和嘗到什麼？用你所有的感官知覺停駐在那個當下。你的雙腳碰觸地板，感覺如何？這會怎樣影響你度過一天的方式，以及如何與所愛的人共度時光？

「我覺得難過、沉重，糟透了。」鮑勃說。

「我們試試其他的，另一種意象體驗，我保證會不一樣。很抱歉把你帶到不舒服的地方。這是有原因的，我會在幾分鐘後解釋。」

喬安娜再次引導他想像自己五十六歲生日那天的早晨，只是這一次，「你一直吃得比較健康，也花時間達成自己的目標。你曾面臨挑戰，但熬過來了。吸氣，吸進這股成就感，好好享受。當你下床時，雙腳碰觸地板。留意站起來、走動的感覺如何。注意顏色、聲音、味道及浮現的念頭。現在，用你所有的感官知覺留在當下。」

幾分鐘過去，鮑伯的臉比較放鬆了。

喬安娜說：「好，回到此刻。你可以張開眼睛了，剛剛的感覺怎麼樣？」

「愉悅、輕鬆。」

「記住這個感覺：難過沉重與輕鬆愉悅之間的不同。一有機會就回想這個感覺。你可以決定保留哪個意象。你選擇的意象也會塑造自己的行爲。面臨『選擇點』時，這就是你要喚起的意象。」

我們稍後再回到鮑勃的故事。

要素四：信任

FIT有一個獨特之處就是：我們不會告訴你該做什麼；我們相信你已經知道要做什麼了。我們並非你的生活專家，你才是。對我們的個案來說，是信心跨出了最大的一步。我們幫助他們了解，尋找自己的意象是向內的旅程，而不是向外探詢。這需要你停止與他人比較，停止在自己之外尋找解決方案。你需要的內心信任，培養的方式是透過持續不斷地爲了自己而健身、靜下心，以及探觸感官知覺。

如果你認眞看待改變，也想過上與現在不同的生活，就必須信任自己。但信任不能建立在希望之上，必須仰賴了解任務範圍與準備好做承諾。喬安娜和強納森藉由以下的寫日誌練習，幫助個案找到問題的答案。

了解範圍

在日誌裡，回答這些提示：

- 你夢想做什麼？
- 哪個（些）價值觀與這個夢想有關？
- 什麼是你的盧比孔河（沒有退路之處）？
- 如果決定穿越了，你會放棄什麼？
- 潛在風險是什麼？
- 它在什麼時候變成糟糕的想法？
- 如果選擇盡力去做，你會得到什麼？
- 誰會與你在一起，他們會得到什麼？
- 在成就的另一面，你的生活怎麼樣？

一旦了解自己嚮往的事，就是進行俗話說的「試膽量」，以及判斷自己是否準備好做出承諾的絕佳時機。

確定自己是否準備好做出承諾

在日誌中，用一到十分對你的目標承諾程度評分。請回答以下問題（一＝尚未準備好，十＝完全準備好）：

一、這個目標對你有多重要？

二、你準備好開始行動了嗎？

三、你對實現目標的決心有多大？

接下來，根據你對目標的承諾程度，深思為什麼處於現在狀況。查看上面的評分，並針對這三個問題分別回答以下問題：

- 為什麼是這個數字？
- 為什麼不是更低？
- 為什麼不是更高？
- 是什麼造成落差？（例如：也許重要性是十分，但是準備好開始行動的程度，你只給了五分。）
- 你可以做什麼讓自己更接近於做好開始行動的準備？
- 哪些優先順序可能需要改變？
- 實際可以開始的日期是什麼時候？

以下是與鮑伯晤談的情況：

喬安娜：用一到十來表示，一代表「根本不想」，十代表「極其渴望」，你有多想改變？

鮑伯：十。

喬安娜：你對自己能改變的自信程度有多少？

鮑伯：八。

喬安娜：爲什麼不是六或七？

鮑伯：因爲以前成功過，我現在可是減重專家。

喬安娜：你這次可以換個方式進行嗎？

鮑伯：可以，透過妳的幫助。

喬安娜：當我們改變時，總是必須放棄某些東西。

鮑伯：是的。

喬安娜：你要放棄「不該相信自己能力」的老故事。

鮑伯：好，我知道。今天是我的生日，我準備好了。

如果你對準備程度（問題二）的評分是六分以下，這顯示你還……沒有準備好開始採取具體的步驟來實現自己目標。沒關係。這可能表示你需要多加思考自己的目標，並做一些調整。也許你想參加愛好運動的競賽，不管是高爾夫、划船、跑步或籃球。於是，你設定了一個目標，可以看見它、聞到它及碰觸它。但家人身體不好，你需要花時間和精力照顧他們。但話又說回來，你的心理健康也是如此。或許你感到糾結，也很矛盾。這時，正可以重新考慮自己的核心價值觀，再重新調整。執行這個過程會節省你的時間、精力，也避免挫敗。

總之，在你選擇對目標做出承諾前，確保目標的結果是：

- 與你的價值觀有關。
- 對你的使命很重要。
- 是一種對話，而不是獨白（你在自我交談時有兩方，還是只有一方？）。

我們來詳細闡述最後一點。內心對話是你如何與自己討論目標，並證明爲什麼值得朝目標努力的理由。但是，獨白無法使實現目標的方法變得更明確，也不能更深入了解爲什麼這個目標很重要。內心來來回回的對話探索了你會面臨的挑戰，檢視你對實現目標的可能性有多少自信，以及強化你的最初動機和最終承諾。

在一起進行的八堂訓練療程中，喬安娜從未指示鮑伯該吃多少，或者做多少運動。她從未問他減了多少體重。這是鮑伯在嘗試過許多限制性飲食及經歷幾次極端的體重波動後，最不需要的叮囑。鮑伯已經學會避免用體重數字來衡量成功或失敗。不過，他眞的分享說，在第一次的FIT訓練療程四個月後，體重減掉了七公斤。最重要的是，他與家人一起度過愉快的夏日之旅。他們在新城市四處走走，一同享受徒步旅行的樂趣。他回到家後激勵自己持續下去，並告訴喬安娜，能舒舒服服地搭飛機是多美妙的事！

知道何時放手，何時更下定決心繼續

總有那麼一刻你會停止考慮要採取的行動，並開始執行。那一刻從承諾和一個問題開始：「我現在可以做什麼？」要知道，有時你的動機會被消磨殆盡。發生這種情況時，保持平衡和慈悲對待自己，會讓你繼續向前邁進。透過延長你的決策之窗，也就是你的「選擇點」，練習中斷放任自流模式的行爲，這樣你才更可能選擇支持自己和夢想的途徑。

承諾對於實現目標是不可或缺的，同樣的，提前了解哪些情況會導致你爲自己的健康加倍努力或放手是必要的。

當你重新檢視自己的價值觀和目標，意識到自己的目標仍有意義且值得追求時，就會選擇更下定決心繼續。確定哪裡是「放手點」，對我們同樣重要。當目標很大且需要犧牲很多才能實現時，我們會與個案預先討論這一點。我們提出的問題諸如：「到什麼時候，你會確定代價比益處大？」「到什麼時候，你周遭人的犧牲會太大？」這種提問方式很重要，因爲我們處於壓力的痛苦折磨時，很容易失去洞察力，因此計畫十分重要。

當腦袋僵化時，我們根本無法擺脫痛苦，結果還演變成身體發出警訊，例如：恐慌發作。喬安娜擔任專攻焦慮和恐慌發作的治療師這麼多年來，遇到情況最嚴重的個案是一名二十六歲的女性，我們姑且稱她爲雪莉。

雪莉的放手點

雪莉的恐慌發作是在從事商業房地產工作後開始。那是一個鬥爭與廝殺無休止的「鯊魚池」，她和同事完全不像。她渴望在工作中取得成功，不認爲自己是輕易放棄的人，因此儘管痛苦不堪、壓力重重，但她還是堅持下來。她無視這份工作對自己身心造成的傷害，直到有一天在商場購物時恐慌發作，嚴重到她很害怕自己就要死了。她暫時癱瘓了，醫護人員用救護車將她送往附近的醫院。醫師進行了一系列的神經系統檢查，確定她的身體狀況良好。他們告訴她很可能經歷了嚴重的恐慌發作，並將她轉介給喬安娜。在兩次治療過程中，喬安娜找到問題的根源。雪莉厭惡她的工作，它已經生吞活剝她了。

「所以，我需要吃藥嗎？」

「不用，但妳需要一份新的工作。」喬安娜說。

雪莉願意做任何事來停止恐慌發作。爲了自己的身心健康，她選擇放手。她提辭呈，並馬上收到新工作的錄取通知，那是一個更能給予支持的環境。她的恐慌沒有再發作了。

並非所有「放手點」都這麼戲劇性。當你朝著自己的目標前進時，如果偶爾關注並檢視身心狀況，它們就用不著像戲劇一般。最好不要在迫不得已之下做出放手的決定，因爲這時採取的行動很可能是出於恐懼，而不是經由大局觀的思考。我們提出「放手點」當成一個選項；它如同一個目標，並不是一個聚焦點。在日常的意象訓練中，也不要經常想像它。只要知道自己的「放手點」在那裡，就能幫你預先了解，爲了自己的幸福，你必須在什麼前提下才能對某個處境放手。

請記住，一開始對一個目標的承諾並不代表你的承諾是不能變的。你是一個不斷進步、成長的人，價值觀、意義感及目的感也會隨著時間改變。隨著你的價值觀改變，就可能需要重新想像自己的未來，並重新調整自己的目標。意象的美妙就在於它是靈活可變的，你可以自由發揮，直到感覺適合自己爲止。我們會教你方法。

PART 2

重新想像目標

第4章 練習多感官意象

眞正的發現之旅不在於尋找新的風景，而是以新的眼光觀看。

——馬塞爾．普魯斯特，《追憶似水年華》作者

我們的大多數個案、學生，甚至合作的其他教練，一開始都以爲意象是圍繞在圖像，以及我們腦海所見。事實並非如此，我們在大腦「看見」的是視覺化想像。意象與視覺化想像不同（且更具影響力），原因在於它融入了**所有**感官。

舉個例子：在你的腦海中，想像一顆蘋果。看看它的形狀、顏色和大小，你能看見它嗎？這是視覺化想像。

現在，想像拿著這顆蘋果是什麼感覺，它的硬度、質地。想像它的氣味，咬一口會發出什麼聲音，味道怎麼樣，吃起來的口感如何？這是意象，與情感和意義有關聯的想像。當你在視覺化想像中加入其他感官時，身體會做出接近眞實的生理反應。其實是非常接近眞實，結果大腦可以因此騙身體採取行動。

喬安娜的兒子威利在十二歲時經歷過這種現象。威利對馬過敏，但喬安娜一家人到紐約市的林肯中心觀看舞台劇《戰馬》時，卻沒有人擔心威利的過敏症，因爲劇中的馬主角喬伊是一隻巨大的木偶，由尼龍、竹竿及纜線等簡單材料，再用手工纏繞在一起做成的。這是一場令人身歷其境、印象深刻的演出——音效、燈光，尤其三位熟練的木偶師，讓馬動起來好像眞的一樣。爲了塑造這個角色，他們仔細研究馬的動作，微微仰起頭，尾巴嗖嗖作響，動耳朵來表達情緒。雖然可以看見木偶師，但隨著喬伊在觀眾的想像中變成一匹活生生、發出氣聲的馬時，他們就漸漸隱形了。

威利一認定那匹馬是眞的那一刻，他的身體就產生組織胺反應。身上開始起疹子，更令人擔心的是，他無法呼吸。喬安娜以爲他被什麼東西噎住了，試圖幫助他時，他指著那匹木偶馬。喬安娜低聲說：「寶貝，那不是眞的。」他的過敏反應隨即消失，跟症狀發作的速度一樣快。

再次想像一顆蘋果。再一次，慢慢關注它的各個面向。它長什麼樣子？拋向空中並接住它時，感覺它的重量。將它拿到鼻子前時，聞起來是什麼氣味？握在手中是什麼觸感？當你咬一口時，發出什麼聲音？

也許現在，你正渴望清脆多汁的蘋果。也許對你而言，這股欲望簡直是五臟廟的聲音，讓你暫停閱讀，此刻正人啃一顆金冠蘋果。如果是這樣的話，那想像蘋果（刺激物）引起了一個反應：想要吃到。

我們不斷會經歷各種刺激，然後有意識或無意識地對它們做出反應。我們的反應可能是健康的，像是吃蘋果；也或許是不健康的，比如成癮。

最初開發 FIT 時，普利茅斯大學研究團隊針對難以抑制的渴求進行研究。他們感興趣的是：爲什麼由衷承諾要戒毒或戒酒的人會一瞬間被渴望劫持？渴望始終與感官有關，它凌駕了人的理性思維和意志力。

你是否因聞到新鮮出爐的餅乾或麵包而打破自己的減重目標？簡單的氣味就能誘使你幻想黏稠或酥脆的口感，並進一步詳細闡述嘗起來會是什麼味道。此外，它可能引發一股溫暖感，讓你聯想到吃祖母做的餅乾或麵包。你用多感官意象來詳細闡述這類的最初念頭，往往會喚起一種愉悅感。這些感覺有可能會使你偏離自己的目標，而且很快，這取決於刺激物。

認知意象與動機意象

設定一個目標時，大多數人會以某種方式**想像**那個目標的結果，包括考慮實現目標所須付出的努力；甚至可能將目標細分成更小的里程碑任務和目標。我們常常會想知道，**這個目標值得付出努力嗎？**也會自己做成本效益分析。如果確定值得去做，我們就會投入其中，制定計畫，努力實現自己的目標。

意象發揮效用的方式，是將當前的自己與未來的可能性連結起來。

意象可以是**認知意象**，也可以是**動機意象**。①認知意象是單純考慮你所想像任務的細節，例如：喝一杯咖啡或仔細思索去開會的最佳行車路線。這不涉及你的情感、意義或目的，就只是手邊的任務。動機意象包含與任務有關的意義和目的，例如：爲什麼喝咖啡？（也許它能幫你以特定方式展開新的一天，比如感到放鬆。）或者，爲什麼這個會議對你很重要？（也許它是邁向大好機會的關鍵一步。）

無論是認知意象或動機意象，我們分三個部分來思考目標：**想像結果、我們的表現，以及實現目標的過程**。

認知意象

認知意象是一種非常有用的方法，能提升各種領域的表現，例如：在醫學上爲手術做準備、在教育上調適考試壓力、在運動上提高擊球的準確性。②認知意象之所以有用，是因爲練習內心演練增強了人們對於任何特定任務的信心，尤其當這些任務與身體練習搭配時。

假設你是高爾夫球員，想在明天的一場關鍵比賽打出七十五桿的好成績。你的目標很務實，也做好實現這項目標的準備。認知意象練習是細想目標的結果（你需要擊出七十五桿的成績）。接著，你需要細想自己的表現（每洞可以打幾桿，才不會超出目標桿數）。最後，你需要仔細思索過程（你要**怎麼**擊球）。

這三個部分全都要詳細闡述。你可以用多感官的細節來想像高爾夫球場：天氣、聲音、景象、球桿握在手中的感覺，這些全都會讓你身臨其境。想像成功打出七十五桿的**結果**會是什麼感覺，想像你在整場球賽所擊出的每一桿都能幫助自己實現七十五桿；也許你考慮在前四洞打出標準桿、第五洞抓到小鳥等等。然後，想像自己在打球時的**表現**——從開球、近距離切球到輕輕推球。在腦海中，你可能會看見球如何落在平坦的球道上，你可能需要用五號鐵桿擊球越過沙坑，才能在三桿內攻上果嶺。表現性目標是你的戰術，它們是**你**個人如何發揮**自己技能**的方法。

最後，想像**過程**。這是擊球的技術順序，從準備姿勢一直到揮桿後完成順勢動作。這個階段專注於想像發球台上的球、草地的感覺、手在球桿的位置、呼吸速率、注意風的流動方向、雙膝彎曲、揮桿動作、擊出球的聲音、在空中呈拋物線的飛行等等。

認知意象雖然令人驚嘆和有效，但它是以任務爲基礎，未必有內在的激勵作用。有人可能會在任務進行到一半時放棄了。爲什麼？因爲他們沒有繼續下去的動機。當手上任務變困難，讓你想放棄時，認知意象要能在「選擇點」有效，就需要搭配動機意象。

動機意象

動機意象通常分爲兩個主要部分：特定和一般。特定的動機意象具有意義（說明爲什麼這對我現在和未來進展很重要），而一般的動機意象會影響情緒和自我控制（我可以怎麼管理自己的激動和壓力？）。再來看看我們假設的高爾夫挑戰。此時，結果（實現七十五桿）、表現（每洞打出幾桿）會與意義（**爲什麼**）相結合。爲什麼擊出七十五桿對你很重要、這個成績又如何爲你的學習增加價值？若是你打出七十七或七十三桿呢？將你的情緒與目標的實現聯繫起來，有助於提升表現。

最早對運動員和舞者的認知及動機意象進行評估的研究顯示，這兩種要素對於表現都很重要。③該研究也顯示，一個人的意象能力愈好，愈有可能在他的職業中躋身成爲菁英。**這就是爲什麼學習使用意象如此重要：因爲它有可能提升你做好準備、實際表現和堅持不懈的能力**。

九次高爾夫球四大賽冠軍得主蓋瑞·普雷爾說過：「我練習愈多，就愈幸運。」意象似乎也是如此。意象就像肌肉，也和其他任何肌肉一樣，必須鍛鍊才能增強力量。你愈能掌握自己的意象能力，就愈有可能控制自己如何看待任務、做計畫，以及最終的表現方式。

積極與不積極的意象

花幾秒鐘，想像自己在八百公尺外的溫暖海洋。當你緩緩漂浮、仰望藍天時，感受平靜的海水觸碰著肌膚，以及那股寧靜感。接著，你聽見有人大聲喊叫。你慢慢踩著海水，並掃視四周。你看見鯊魚鰭，查看了離海灘的距離和鯊魚的位置。鯊魚正游向你。你會怎麼做？

大多數人會死命地游，留在原處歡迎鯊魚的人少之又少。當你想到這個例子時，或許已經注意到自己的瞳孔放大、心跳加快，開始冒汗了。這些都是自然反應，這類意象稱爲**「積極意象」**，因爲它使我們的身體爲行動做好準備。

你的想像通常會影響自己的情感，進而影響生理機能。④與意義相結合的情感是引起生動意象的活性成分。生動的意象（尤其是融入所有感官的意象）會驅使你的身體反應，在一定程度上增強了你的動機。

與積極意象相反的是**不積極意象**，也就是移除情感的意象。想像自己在溫暖和煦的晴天，躺在美麗的沙灘上邊喝著清涼飲料邊看書。你很可能因爲這些畫面而感到放鬆。放鬆的感覺並沒有錯，其實還可能很棒。但是，放鬆不能增強你的動機。在舒服愜意的狀態下，你不覺得有必要奮力去追求什麼事。

以想像鯊魚這個任務來說，我們使用積極意象，也就是它會激勵你以某種方式感受（並可能採取行動），至於想像在沙灘上度過美好的一天，則被視爲中性或不積極的意象。之所以中性，是因爲它不會激勵你採取行動。

我們推測，當你想像自己在沙灘上時，大概沒有冒汗，心跳也沒有加快，不過當你想像在明亮的陽光下看書時，可能還是會瞇一下眼睛。由此可見，即使想像中性的事情，意象對你的生理還是有影響力。

當然，我們如果請你想像光線強度的改變，也會爲你的眼睛帶來全然不同的體驗。也許你正躺在床上，睡得很熟，還做著夢呢。你緩緩醒來，睜開一隻眼睛。你掃視了一下黑暗的房間，並查看時間。還很早，所以你翻個身，又鑽進被窩裡。這就是中性、不積極的意象。

現在，你放鬆舒適地躺著，這時有人進來房間並打開電燈。你詳細闡述這當中的意義：有人進來你的臥室，還開了燈——好大的膽子！這很有可能會引發情感反應。你的心跳或許會加快、可能做出反應，也許還會對那個人大喊：「你有病啊！」就這樣，你體驗了積極意象。

要強化你實現目標的動機時，積極、出於情感的意象會帶來顛覆性改變。

檢測你的意象能力

花幾秒鐘，想像觀看日落的情景。你看著太陽一直到它落到地平線下，隨著光線逐漸退去，天空變朦朧，地平線變得沒那麼清晰，顏色也變黯淡。夜幕降臨。此時，你慢慢抬起頭看著遠處的星星和一彎新月。⑤

從〇到十分，〇表示沒有視覺化想像，十表示視覺化想像與真實事物一樣生動逼真，你會給自己評幾分？記下這個評分，你的分數顯示出你的視覺神經活動。如果分數很低，不要擔心。藉由訓練你的意象能力，會增加大腦的活動，並開始建立新的神經連結。⑥但這只是檢測視覺意象的一小部分。在透過自己的感官和情感獲得的所有意象類型中，視覺意象只是其中一層。爲了開啓全部的意象能力，也就是把你可以喚起的認知意象和動機意象的結合（將於下一章探討），你必須能以多感官的模式進行想像。現在先了解你目前的意象能力水準，這樣才能加以改進，獲得最佳結果。

意象能力有兩個檢測標準：**可控性**和**逼真性**。將可控性想成類似於轉換電視頻道的遙控器：你用它來切換念頭。你從新聞開始，轉到體育節目，也許還會看一會兒卡通頻道等等。它也可以調整電視（你的大腦）音量，它就好比你的自我對話——你能聽到自己念頭的程度。不過，我們稍後再談論這個部分。

將逼眞性想成電視的畫質。在類比電視的年代，你可能必須使用天線才能收看節目，有些畫面會不清楚，還有斑點。現今都是數位電視：HD ready、4K、ultra 4K、OLED、8K。隨著每一項新技術的開發，畫質變得愈來愈清晰乾淨。培養你在腦中製造逼眞畫面的能力，與這些技術升級很類似。

一八八〇年，法蘭西斯・高爾頓（達爾文的表弟）首次對意象能力進行評估，他使用的方法稱爲「早餐桌調查」。⑦讓我們來試試第一部分。高爾頓寫道：「假設這是你今天早上坐下來吃早餐的桌子，仔細想想在你腦海中浮現的畫面。畫面是模糊不清，還是相當清晰？它的亮度和實際景象差不多嗎？」

現在，從〇（「我的能力是零，我記得早餐桌，但看不見它」）到十（「乾淨、清楚，沒有斑點」），對自己的清晰度評分（也就是你看見它的逼眞性）。

評估意象能力的現代方法對於我們大腦如何運作提供了詳細的範例。我們用「前庭意象」取代了身體的感覺，因爲它能評估你想像的動作，這對任何希望掌握一門技能的人極其重要。利用「普利茅斯感官意象問卷」（Psi-Q）的部分內容，我們會逐一針對每個感官開啓你的意象能力。⑧檢測你的意象能力很重要，因爲仔細深入的意象練習應該盡量融入更多感官。問卷可以讓我們看出你的強項，並了解哪些方面有改進的機會。

在【圖表4-1】中，從〇（沒有意象）到十（與眞實事物一樣逼眞），爲每一個意象評分。先感覺幾秒鐘，再將分數寫在提供的表格中。答案沒有對錯之分。

接下來，我們會解釋你每個感官的意象能力。我們列出平均分，僅供參考。你的個人分數是在閱讀本書時，我們要提升你能力的基準。

視覺意象

如果得分在九分以上，你會有逼眞的視覺意象，是所謂的「超高視覺想像力」。如果得分爲四至八分，你的視覺想像力在正常範圍。如果分數是一至三分，表示「低視覺想像力」。如果得分是〇分，那你就是非視覺型的人，通常稱爲「視覺想像障礙」。有視覺想像障礙不見得是壞事。在視覺想像任務上得到高分的人神經活化程度高，但這不

【圖表4-1】

精簡版普利茅斯感官意象問卷

感官	問 題	分數
視覺	想像營火的樣子	
	夕陽的景象	
	一隻爬樹的貓	
聽覺	想像汽車的喇叭聲	
	雙手鼓掌喝采	
	救護車的鳴笛聲	
嗅覺	想像剛割過的草散發的氣味	
	燃燒的木頭	
	玫瑰花	
味覺	想像黑胡椒的味道	
	檸檬	
	芥末	
前庭	想像單腳保持平衡的身體感覺	
	踢球	
	揮棒	
觸覺	想像觸摸毛皮	
	溫暖的沙	
	柔軟的毛巾	
情感	想像興奮的感覺	
	放心的感覺	
	戀愛的感覺	

一定表示得分低的人無法以某種方式利用他們的視覺想像力，來設計目標及感知結果。他們只是必須採用不同方法，活化不同的神經通路。（有關意象問題的討論，請參閱本章最後一節。）

依據物體和面孔記憶回想的視覺化想像，還是不同於根據幻想圖像的視覺化想像，比方說，很有名的「粉紅象」思想實驗，過程中要求人們**不要**想像粉紅色大象，可是他們往往都會說想像出粉紅色大象了。

在我們合作的對象中，視覺意象的得分通常最高，平均落在八／十（滿分）。這表示，普遍來說，視覺意象是人們最容易使用的意象形式。

在前文，我們請你在腦海中想像一顆蘋果。現在再做一次，但這次注意力要集中於顏色、形狀和大小。它可以是單獨一顆蘋果，或者也許是樹上很多蘋果中的一顆。蘋果務必要有梗和葉子。這極有可能是你的回憶——表示它是從既有的記憶提取。在同樣的情境中，現在試著想像在樹上或單獨一顆（如籃球般）大的銀色蘋果。這是幻想——似眞似假，我們的假設是你在現實生活中從未見過；但是，嘿，也許我們錯了。從〇到十，爲這個幻想評分。如果你想像不出這麼大的銀色蘋果，此刻也不是眞的很重要。在下一節，你就會學到我們訓練意象能力的方法。你可以用相同的給分方式，爲自己使用其他感官意象的能力評分。

聽覺意象

聲音有各種想像方式。比方說，想像一首歌比想像個別的聲響來得複雜，因爲歌曲包含了旋律、和聲、音色、強度及節奏。這也許就讓想像一首歌比想像單一聲音（如咳嗽）更加生動。歌曲還能反覆，有些可能變成洗腦歌，在我們腦中揮之不去。據我們的經驗，聽覺意象的得分很少有〇分的，這是因爲人的腦袋一直在喋喋不休——面對現實吧，我們就是喜愛自言自語。然而，如同評分表上的許多測驗項目，如果不熟悉刺激物（例如：恆河猴刺耳的尖叫聲），我們會發現喚起這個聲音就不容易。

回到蘋果。如果打算咬一口成熟的蘋果，你能想像它發出的聲音嗎？是很輕的聲音？你能聽見自己吃蘋果的聲音？如果蘋果**尚未**成熟，你能想像會是什麼樣的聲音？再一次從〇到十，對你在腦海中聽見這個聲音的清晰度評分。我們修改了聲音的一部分

（咬成熟到尚未成熟的蘋果），這可能喚起你腦袋裡不同的聽覺反應。如果是這樣的話，說明了你對聲音有很強的可控性和逼真度。聽覺意象的平均分是七·二/十，也由於它與內心的喋喋不休相伴，因此評分很少低於二分。

嗅覺意象

單獨想像氣味的評分，往往是所有感官裡最低的，平均得分在六·二/十，但它也是個案之間高低分數落差最大的。評分落差這麼大，很可能與經驗有關。例如：回想玫瑰的香味對園丁來說很容易，但對於可能因花粉過敏而不去聞花香的人就不容易了。如果你的給分是〇分且無法想像氣味，就屬於「嗅覺想像障礙」；分數在一至三分則是「低嗅覺想像力」；四至八分之間被視爲有好的嗅覺想像力。如果分數更高，顯示了你對氣味十分敏感，就是所謂的「超高嗅覺想像力」。

針對所有感官的刺激物，我們都可以再細分性質，以嗅覺感官來說，就可以細分成愉快和不愉快的氣味。我們的個案經常說，要喚起令人愉快氣味的嗅覺意象（比如麵包烘烤的香氣）很慢，但要喚起令人不愉快氣味的嗅覺意象（像是發臭的牛奶）反而很快。就跟平時一樣，若你最近聞過某些氣味，就更可能喚起它們。

你能回想走進一家蔬果店嗎？專注於水果的香氣。你能想像蘋果聞起來的味道嗎？也許是聞起來香甜的有機蘋果？或許，還有其他水果的香氣蓋過蘋果。花幾秒鐘想想那種令人愉快的芳香，當你更靠近水果時，香氣就愈濃。從○到十，為你想像這種氣味的能力評分。

味覺意象

回想牙膏的味覺通常拿到最高分，因為我們每天都要嘗到兩次。嗅覺和味覺意象往往密切相關，但大腦對兩者的處理方式不同。舉例來說，很多人常常主訴確診新冠肺炎後喪失嗅覺，但對味覺沒有影響，反之亦然。味覺意象是以刺激物細分的性質為基礎，我們可以將味覺分為甜、酸、苦、鹹及鮮美。不過同樣的，你是否能從這些味道中體驗到愉悅感，也存在個人偏好。對於這種意象，平均分是六．五／十。○分稱為「味覺想像障礙」，分數低者爲「低味覺想像力」，在平均分左右屬於「好」的味覺想像力，九分以上則是「超高味覺想像力」。

你現在可以吃蘋果了！這次專注在味覺意象上，所以當蘋果一開始碰觸到你的嘴唇時，想像蘋果表皮可能有蠟的味道。你在齒間卡滋卡滋地咀嚼時，蘋果會釋放甜甜的汁液，嗯～嗯～，你的味蕾感到滿足。你咬了第二口，但這次是酸的！與第一口的味道大不相同，但是，嘿，這是自然的。不管怎樣，你繼續吃蘋果。從〇到十，對自己想像這些味道的能力評分。

前庭意象

前庭意象通常被稱爲「動覺意象」或「基於動作的意象」，是在沒有移動身體特定部位的情況下，想像動作的過程。運動員和舞者對這項感官的給分往往比較高，但一般人給的比較低，平均分爲七・一／十。我們稱低分者（三分以下）爲「低前庭想像力」，高分者（九分以上）爲「超高前庭想像力」。前庭意象可以分爲特定和一般動作。特定動作的前庭意象涉及單一肢體動作，比如伸手拿一杯水。一般動作的前庭意象是一套複合動作，包含多個一環扣一環的動作模式，例如：高爾夫揮桿。我們與視覺意象能力有限的運動員合作時，前庭意象往往是他們最高分的感官。這可能是因爲他們爲了在運動競賽中獲勝，頻繁重複演練和改進動作。

對於我們意象中的蘋果，要融入這項感官，就是想像將它投給**（而非丟向）**某人會是什麼景象。花幾秒鐘，想像蘋果在手中的重量。也許你會將蘋果拋起並接住幾回，確認它的重量。對方離你大約九公尺遠，因此你需要用力才能投得夠遠。想像投擲過程：你的手臂往後擺，然後往前移動，同時鬆開緊握的手，蘋果從空中飛過。從〇到十，對自己想像動作的程度評分。

觸覺意象

想像觸覺的平均分數是七．四／十，是所有感官想像中第二高；低分者（三分以下）就是所謂的「低觸覺想像力」，高分者（九分以上）則是「超高觸覺想像力」。但觸覺意象的檢測比較難，因爲很難將各種感覺區分開來。舉例來說，想像**觸摸**毛皮時，通常包含**看見**毛皮與觸摸毛皮的**動作**。因此，觸覺意象有三個主要的刺激物性質：質地、動作和溫度。我們發現，得分較高的人，全都會使用到這三個主要的刺激物性質。有時，觸覺意象也會喚起視覺意象。想像沙子時，讓大腦詳細闡述，你可能就會重新創造三個刺激物性質——當你緩慢走過（動作）沙灘，腳下的沙子很軟（質地）、很燙（溫度）。接著，你可能會看到（視覺）沙子的顏色。

我們想像的蘋果成熟、光滑且溫暖。你用手指觸摸蘋果，並壓壓看它的硬度。從〇到十，爲這個觸覺評分。

情感意象

情感是最重要的想像感官，因爲它會驅使我們做出大部分的行爲。情感的平均得分是六．九／十。我們將低分者（二分以下）稱爲「低情感連結想像力」，高分者（八分以上）是「超高情感連結想像力」。在情感發生當下體驗與事後回想它，會觸發相同的神經反應，比如釋放像血清素等荷爾蒙。情感是有意義的，而且是多感官的，因此無法單獨存在。前文的你對「戀愛的感覺」的評分。這種情感意象是如何展開的？你只是有戀愛的感覺，還是想起了某個時間、片刻、面容、聲音、親吻、碰觸？情感跨越了大部分的多感官界限，因爲它的力量超強。當你學會激發這個感官，就會開始釋放它的潛力，帶領並改進你的行爲及表現。

因爲情感與意義息息相關，你能想到蘋果象徵什麼，以及帶給你怎樣的感受？爲什麼從一開始就吃蘋果？或許蘋果是健康的選擇，也許蘋果使你想起某個特定且私人的事。從〇到十，就吃蘋果帶給自己的感受，對你的情感意象評分。

多感官意象

你一個接一個地依照感官，對自己的認知意象能力評分。這不是動機意象，因爲你不太可能在想像後就出門去買一袋蘋果（一旦這麼做，那**就是**動機意象了）。現在，我們把每一層的蘋果體驗合併。

以視覺想像的方式，想一顆蘋果。想像它的顏色。整顆顏色都一樣嗎？有梗和葉子嗎？蘋果放在哪裡？拿起蘋果，留意它在手中的感覺。它很光滑，還是皺皺的？是重或輕？如果把它拋向空中並接住它，你能聽見它落在手上時發出的聲音嗎？將它拿到鼻子前，花點時間留意它的香味。在聞它時，或許能感覺到蘋果壓在你的鼻子上。如果你打算咬一口，可以聽見咬下去的聲音嗎？當它在你的嘴中釋放味道時，嘗起來怎麼樣？你覺得吃蘋果健康嗎？

現在，咬了一口後，低頭看手中的蘋果時，你看到被吃掉一半的蟲！暫停一會兒，想像接下來會發生什麼事。從〇到十，對自己的整個想像體驗評分。

融合所有感官，並加入假設性體驗時，你的總體分數很可能會比單獨的分數高。這是因為你正使用大腦的更多區域，在記憶回想（拿起蘋果來吃）與幻想（注意到自己吃了半條蟲後會發生什麼事）之間建立連結。因此，當你使用多感官意象，假設性體驗會變得逼真。

如果你對「吃了蟲子」這個念頭過度關注，又詳細闡述它，結果很可能就是某種情感反應（例如：恐懼、厭惡），這可能引發生理反應，比如噁心。如果你對這段詳細闡述進行演練，可能會導致吃蘋果的動機降低；更有可能的是，你下次咬蘋果時，可能會檢查裡面是不是有蟲。

提升你的意象能力

現在，你已經對自己的每項感官意象能力評分了。如果發現自己在某些方面有所缺乏，不用擔心。有些感官比其他感官更善於想像是很正常的，這只是生爲人的一部分。生而爲人另一個有趣所在，就是可以在任何需要改善的領域中，努力提升自己的意象能力。對於每項感官，請嘗試做做看以下所列的任務，幫助你精進自己的意象能力。

進行這些練習至少一週後，重新測試你的意象分數。說到使用意象，你就是研究員，因此當你嘗試做某些事時，在日誌上做筆記，並從中了解哪些對你有用與無效。要能反思並掌握自己的歷程。擅長任何事物都需要時間和刻意練習，所以努力掌握自己意象能力時，要有耐心。

【圖表4-2】

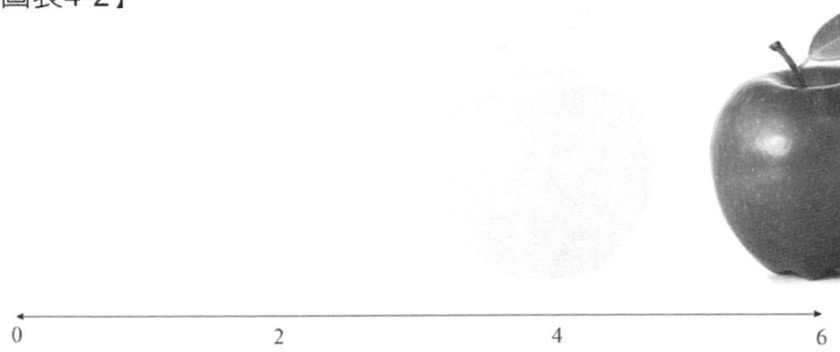

提升視覺意象

二十四歲的麗莎，在讀了一篇關於意象訓練的文章後來找我們。我們先評估她的意象能力，她的分數顯示，她是「超高嗅覺想像力」和「超高味覺想像力」（對氣味和味道很敏感），但視覺意象的得分只有二／十，是「低視覺想像力」。經過幾週的了解，我們再次對麗莎進行評估，請她在腦海中想像一顆蘋果。不過，這次是以修訂過的評分標準來爲意象打分：從〇開始（我能想像蘋果，但無法看見圖像）到六（跟眞的蘋果一樣逼眞），請參考【圖表4-2】。

有視覺圖像做爲評分指引，讓我們能更精準地指出麗莎的意象分數，更重要的是，還能針對她的意象能力展開討論。將等級從〇到十，變爲〇到六，有助於我們更了解個案之間的巨大差異。麗莎給了一分，她描述：「它是圓形的，圖像不是很清楚。我知道蘋果長什麼樣子，有看到。」

我們也請她想像熟悉人的面孔和特徵，她可以做到這點，但無法想像任何屬於幻想領域的東西，例如：他們戴著大禮帽的樣子。

爲了提升她的視覺意象能力，我們展開一項名爲「與眾不同」的照片任務。這項任務包含仔細觀看在同一地點拍攝的兩張照片——通常是餐廳、俱樂部或咖啡廳。第一張照片涵蓋全景，當中包含從事具代表性活動的人。第二張照片上會有些看似不協調的人事物。例如：第一張照片是一家人聲鼎沸的夜店，第二張照片也是在同一家夜店，但裡頭有人裝扮成胡蘿蔔：一個「與眾不同」的人。

「與眾不同」的目的，是爲了讓麗莎在尋常之中積極尋找奇特之處，在與我們稍後的對談過程中回想這個奇特的視覺圖像。當我們從回憶（你記得裝扮成胡蘿蔔的人嗎？）轉變爲幻想（你能想像他們裝扮成番茄嗎？）時，對她來說，這變成了有趣的活動，最後在自己的日常活動中也會創造視覺幻想。

麗莎會從尋找工作中的奇特之處開始，然後在現實中加入幻想。她甚至隨身帶著一些奇特的東西，然後擺放在一些地方逗其他人開心。她曾經在一家高檔餐廳的女廁鏡子頂端放了樂高組成的《星際大戰》人物丘巴卡，十分有趣，但這麼做的用意不光是在別人的生活中製造幽默。麗莎擺放丘巴卡樂高積木，促使她利用認知規畫：積極想像丘巴卡看起來會是什麼樣子，以及其他人從他們的角度來看可能會有怎樣的反應——通常是大笑、覺得有趣與好奇。幾週後，我們重新測試麗莎的視覺意象能力，她在蘋果任務的分數為五／六。

我們都會在腦海中拍照。我們拍照是為了記住過去、自己的感受、與誰在一起，以及那些時刻的意義。別人拍攝的實體照片，比如海灘或地標的明信片，可以擴大我們的想像。不妨想一下，如果我們被傳送到那些照片中，圖像會是什麼樣子？這樣跳入照片裡只消幾秒鐘，但對於你在開始創造幻想時如何運用視覺想像力，卻有持久的影響。

現在就試試看。找一張你想造訪的地方的照片，花幾秒鐘詳細闡述意象，嘗試賦予意義。為什麼造訪這個地方對你很重要？它有意義嗎？目的又是什麼？你會和其他人一起去嗎？

透過照片或根據觀察的幻想意象（又叫做觀看照片），是開始提升視覺意象能力的一個好方法。看著一張圖片，並在腦海中想像一下如果身在其中會是什麼樣子。然後閉上眼睛，想像自己置身圖像當中，彷彿你正看著攝影師（拍照的人），並探索圖像的背景。在進入下一幅圖像前，讓自己沉浸在這個體驗中。一旦觀察照片並將自己帶入該場景變得輕而易舉時，你就可以捨棄這幅畫面，回想記憶中的場景、一個地方。現在，走進記憶中的場景，像多感官電影一樣把它播放出來。

以聖誕節或其他節日爲例。首先想像一張那天的照片，就像明信片上的一樣。將自己置身其中，想像節日的裝飾、氣味、喧鬧聲、一年的這個時候，以及質感（也許是坐在爐火前時，地毯給你的感覺）。留意你的腳，並知道你的身體在該地點的位置。現在環顧四周。或許想像你在走路；也許你見到某人，開始聊了起來。想像你們的聊天內容，對方身上的穿著。也許他們戴著大禮帽？或許他們穿著胡蘿蔔裝？

提升聽覺意象

大衛是一名年輕的會技師，他說自己「有過度思考的問題」，而且認爲「無法控制自己的思維」。在檢測他的意象能力時，大衛很難想像聽到「雙手鼓掌喝采」之類的具體聲音，但他能聽見自己內心的喋喋不休，也會在腦袋裡重複唱著一些歌曲。爲了透過音樂評估他的聽覺意象，我們請他哼唱《星際大戰》主題曲。對他來說，這很容易。我們完成評估之後，大衛說明了自己的日常習慣：

出門前，我會戴上耳機，按下音樂播放鍵，儘管我在週五都是收聽播客。從離開家的那一刻到跨進辦公室大門，我都在聽音樂。從家門到辦公室大門，我的通勤時間通常要花一小時十四分鐘，搭火車需要三十二分鐘。在火車上，我通常會玩手遊、滑臉書或 IG，這使我能夠關掉工作模式。問題是，回到家後，我的腦袋就處於亢奮狀態——思考沒有停過。我特別能聽到自己念頭的聲音，但它沒什麼條理——我能聽到的只是一些雜七雜八的事。這對我來說很正常。我下班時也會重複這個過程。要離開辦公室前，我會戴上耳機，然後聽音樂直到回到家。

爲了幫助他掌控聽覺意象，我們使用了「變化音量」任務。大衛同意對聽音樂的方式和時間做嘗試。任務很簡單：他就像平常一樣在出門和離開辦公室時聽音樂，並在通勤途中（通常在火車上）的某個時刻，將音量調低到安靜無聲。當然，並沒有眞的安靜下來，因爲他的腦袋從未停止喋喋不休。但爲了練習，大衛將音量調至無聲大約五分鐘，在這期間他專注在覺察上——覺察周遭人的對話、火車在鐵軌上行駛的聲音、火車到站時人們上下車的聲音、火車的鳴笛聲、報紙的窸窣聲。對於每一種新的聲音，大衛都會讓自己停留幾秒鐘全心感受它，然後再將注意力轉移到下一種聲音。幾分鐘後，大衛再度把耳機的音量調高。

當我們再次對大衛進行檢測時，他的聽覺意象分數變高，並不意外。他一開始的分數是二．八／十，最後拿到六．四，但這只是次要目的。眞正的目的是幫助大衛更能掌控內心的喋喋不休。大衛解釋：「進行音量任務時，不可思議的事發生在我身上，讓我意識到自己總是在自言自語，不過聽音樂時，它的音量很小。當我把音樂轉小聲，我對自己、外在的聲音也變得超級敏銳。我很少關注外在的聲音。我想這或多或少對我很重要——能從內心聲音切換到外在聲音。這樣的切換確實有助於我調節自己的念頭。」

想提升聽覺意象，你可以在通勤去上班、上課、健身房等日常作息中，開始做一項簡短的覺察練習。做這些例行工作時，聆聽一些聲音。首先打開音樂或收音機，然後慢慢調低音量，直到聲音被關掉。此時，留神聽。起初，要適應自己的聽覺感官會讓你覺得很怪，慢慢地會使你的傾聽從內心聲音轉移到外在聲音。完成這項訓練之後，我們的個案通常會說，比起以往，他們可以更清晰地聽見自己的念頭。這很正常。堅持練習一週的「變化音量」，然後考慮增加練習時間，看看會發生什麼事。

提升嗅覺意象

職業自行車手喬爾認爲透過嗅覺進行意象練習是不可能的。在小組會議上討論意象時，他困惑地說：「我理解視覺意象，但對嗅覺意象的能力存疑。」對小組的其他人而言，喚起嗅覺意象很輕鬆，但他們對嗅覺意象的探討愈多，喬爾愈不相信。喬爾說：「好吧，你們有一星期可以說服我。」

在一次簡短的會面中，我們檢視了喬爾的日常作息，並檢測他的意象能力。咖啡顯然在他的日常生活中扮演重要角色，但並不是因爲咖啡的香氣（他在想像咖啡香氣的得分是〇／十）。喬爾以一杯咖啡做爲一天的開始，結束訓練後再喝一杯。這是他「清醒和關機」的方式。（是的，他自己也曉得這個方式令人啼笑皆非。）

「平靜咖啡」任務是一種將氣味與其他感官聯繫在一起的分層方法，可以比較快掌握。取這個名稱是因爲喬爾在喝第一口咖啡前，感到平靜。他發現喝咖啡可以放鬆身心，而且「在經常忙著訓練或比賽的前後使人平靜」。

因爲這項任務，喬爾將咖啡豆放進一個罐子，一直放到早上。等早上打開罐子的時候，他聞了聞咖啡豆，並仔細察看它們的外觀，接著透過感覺自己雙腳踩在地板上、房間的溫度，以及自己的情緒，建立心錨。他這樣做了大約三十秒，再蓋上罐子，鎖住咖啡豆的氣味。

接著，喬爾將咖啡罐放入包包，帶到自行車訓練場。訓練結束後，他與強納森碰面並將罐子交給他。打開罐子前，強納森請喬爾重播早上的意象場景。喬爾聲明：「在這樣做之前我先說喔，我無法想像氣味，它又不是一個東西。」面對喬爾的抗拒，強納森說：「你也許無法用嗅覺來想像任何東西。我們此刻正在做的就是了解它**是否**能對你產生效果。如果可以，又是如何發揮作用的？」

喬爾詳細說明早上的例行公事：「我打開罐子，聞了聞咖啡豆。」

「它們聞起來像什麼？」強納森插話道。

「強烈，非常濃郁，但我想像不出那種氣味。」

「我們不是要想像出完全真實的氣味，只是讓你在大腦裡尋找氣味時能有小小的改變。氣味可能觸發其他的感官。」

「這樣的話……」喬爾停頓了一下：「我來想想。那是一種苦味，非常淡。」

強納森打開罐子，並問喬爾：「你想像的氣味和這個像嗎？」

隔天早上，喬爾又做了同樣的練習，不過在打開罐子前，試著想像裡面的氣味。下午時，喬爾再度與強納森碰面。這次，強納森請喬爾先以視覺想像的方式想帶著油脂的咖啡豆，然後想像氣味。接著，他們打開罐子，深吸一口氣，並重複建立心錨的練習。工作坊結束的時候，強納森拍了幾張罐子和咖啡豆的照片。他想到一個計畫。

提升嗅覺意象能力是一個漸進的過程。應該先從氣味開始，然後增加視覺連結，再進一步加入觸覺和味覺等感官來建立心錨。在第四天，強納森要喬爾將罐子留在包包。這次，強納森的手機裡有一張蓋緊的罐子照片。

強納森說：「看著這張照片，現在想像如果搖動的話，它會發出嘎啦嘎啦聲。想像盒子的重量及顏色，想像打開蓋子並聞裡面的咖啡豆。」喬爾沉默。「有感覺到什麼嗎？」喬爾眼睛閉著。

喬爾最後終於開口說了：「燻黑的豆子。它讓我想起在廚房的情景，這股強烈的氣味使我想到今天早上做的事。」我們說服喬爾了。

現在，輪到你了。找一種明顯、強烈、令人愉悅的氣味。可以是咖啡，或者花、松樹，甚至一本新書。一旦找到一種令人回味的香氣，就完成喬爾做的那些步驟。首先，覺察自己的情緒，在引入氣味前，先想想周遭的環境。你應該感到放鬆，並身處熟悉的環境。盡量阻絕氣味，這樣在引入氣味時會更明顯。也許你可以將氣味封在容器裡。接下來，像打開一瓶新洗髮精時會做的那樣，深深地聞一下。讓香氣沉澱下來，全心停留在這股氣味上幾秒鐘。你正在看什麼？你正在做什麼？有聲音嗎？這樣做，久而久之就會透過保存心理圖像的方式來複製來源（例如：洗髮精或咖啡）的氣味。

提到嗅覺刺激產生的本能反應，通常就會聯想到普魯斯特效應。普魯斯特於一九一三年出版的書中提到浸過茶的瑪德蓮蛋糕味道。嗅覺（和味覺一樣）是過去記憶的心錨，能創造逼眞的意象，讓你想起某個地方、時間、經驗及情感。你的任務是找到一種有意義的香氣，引發你豐富的情感。它就像普魯斯特的瑪德蓮蛋糕，有可能是極爲個人、不尋常的，因此這項任務可能不像其他練習那麼簡單。

提升味覺意象

味覺也會聯想到「普魯斯特效應」，透過它喚起講述親身經歷的念頭，非常有效。這些親身經歷也往往與情感相連。

三十八歲的卡爾，是藝術家，曾嘗試戒菸很多次。但似乎沒什麼效果，直到他使用意象對比不抽菸與抽菸吃草莓的體驗。沒有抽菸的情況下，他能聞到草莓，並嘗到它的甜味。這勾起了快樂美好的童年回憶。抽菸後，草莓嘗起來有股菸味，在舌頭上還會留下一層薄膜狀的殘餘物。每當渴望抽菸時，卡爾就會回想這個畫面。在我們寫這本書時，他已經四年沒碰過一根菸。

透過想像自己渴望的健康味道，你同樣也能辦到，這個健康味道或許是一片成熟水果的味道。發現自己渴望不健康的東西時，就用其他你渴望、但**健康的東西**取代它。讓自己沉浸於所有感官中，並花些時間詳細闡述細節。

再次利用「普魯斯特效應」，就像你在提升嗅覺能力時做的，在選定一種喚起愉快回憶的味道進行想像後，完成以下的步驟。首先，在你體驗健康選項的味道前，了解自己的心情及周遭事物。將注意力放在刺激物上，也許是你指間拿著的葡萄。在放進嘴裡前，試著預測它的味道。當它進入口中時，花點時間在感覺增加、漸強及慢慢消失之前，辨別味道。其次，用手指拿起另一顆葡萄，在沒有放進嘴裡的情況下，你能想像它的味道嗎？如果看著一張葡萄的照片，你能有相同的味覺體驗嗎？

提升觸覺意象

你想像的觸覺愈獨特、感覺愈眞實，你的觸覺意象得分就愈高。比方說，想像一個人的手撫摸樹皮，感受它表面的觸感，這對經常與樹打交道的人而言可能很容易，因爲這是一種熟悉的感覺，但對我們這些在辦公室工作、與大自然接觸經驗不多的人來說，卻有難度。當我們感知到觸摸光滑或粗糙的表面時，觸覺意象會被分離出來，但這種意象不是只有紋理的感覺，因爲它還包含了動作和溫度，這往往又觸動並擴展到其他感官，比如嗅覺。

訓練觸覺意象時，我們經常利用進入游泳池做爲引導意象，並盡量融入其他感官。回想你站在泳池邊的某個時刻，花幾秒鐘專注於地板的紋路，也許它很粗糙，像砂紙一樣。你將腳趾挪到泳池邊。你站在那裡，就察覺到腳底下的地面溫度。也許是微風拂過時的空氣溫度。你往下看，透過清澈的池水直接看到池底。也許你用一隻腳趾測試水溫。水很溫暖，你考慮跳入水中。接下來發生什麼事呢？

找一樣有特殊紋理的東西，花幾秒鐘觸摸，同時留意它在你身體上觸發的感覺。舉例來說，試著觸摸一棵樹的樹皮，讓它成爲一種熟悉的感覺。當你的手碰觸到時，注意紋路的密度、溫度和一連串動作。維持這些感覺幾秒鐘，然後停止。接下來，趁記憶猶新時回想這個體驗，**想像**它的發生與現實生活中的速度一樣。稍後，利用想像重複這個體驗，彷彿它明天會再發生一樣。這會使你能夠從今天的現實中開啓觸覺幻想。

提升前庭意象

前文的幾個任務都包含了前庭意象，比如想像將你的腳趾挪到泳池邊、將樂高組合的丘巴卡放置在鏡子頂端，或想像自己的手觸摸一棵樹。在訓練前庭意象時，我們很容易轉移到視覺意象（例如：肢體如何在空間移動），但如果你的視覺意象得分低，就需要另外的選擇。

十九歲的醫學生艾莉表示自己的視覺和前庭意象得分都很低。她想聚焦在前庭意象，因此我們從想像動作的一般任務開始。針對艾莉的情況，我們請她想像握著一顆網球，將它拋向空中，然後接住。起初，艾莉無法想像這個動作，於是給了她一顆鮮黃色的網球練習：把它往上拋、看著它飛起，然後感覺它落回掌中。接下來，艾莉進行一次拋擲，然後想像一次，每次接球後都會事先爲她的意象做準備。

雖然這是一項很簡單的任務，但職業運動也採用類似的形式。這項任務的目的是，訓練艾莉的眼和手去體驗物體與身體的位置關係。有幾支出色的眼睛追蹤程式提供了前庭訓練（例如：NeuroTracker），還有以平台爲主的儀器，就像隨身衝浪板，可以訓練本體感覺（例如：Huber 360）。這些訓練方法能增強你對身體在空間中的意識。不過，你可以用簡單的網球練習開始獲得類似的結果，不必花好幾千美元在設備上。

但是，下一個任務就比較難掌握了。

由於我們的主要工作是在運動表現應用，因此我們透過感知練習來訓練前庭意象。網球任務透過刺激眼睛和身體來建立基礎。我們請艾莉眼睛睜開，但任何時候都不能看球。我們要求她把它當成透明的。她凝視著遠方，開始進行任務，在沒有直視球之下，將球往上拋，然後接住。這使她能訓練自己如何感知球的移動。（我們不會讓當事人閉上眼睛，因為這會產生反效果。）

無論你是否欠缺前庭和視覺意象技能，練習網球任務都是最好的方法之一，能培養你追蹤物體的感知技能，以及提升身體按照眼睛所見來採取行動的能力。從想像動作的細節開始（也許在往上拋球之前，一個猛拉），然後想像整個技能。當然，想像的同時也練習技能，會大幅增加效益，所以盡量在執行動作的前後加入你的意象。

提升情感意象

擔任執行長的傑米·羅森伯格（Jamie Rosenberg）不僅是我們的個案，也爲我們上了一堂情感意象的大師課。傑米的視覺和情感意象分數高於平均分，其餘的感官得分則中等。我們追問傑米，想了解他究竟做了什麼事才獲得如此高分。他的回答如下：

我經常冥想，專注於自己及管理自己的心，也常爲他人著想，我非常感激自己擁有的機會和那些賭上自己生計信任我的人。因爲信任，我的事業得以發展，而信任實際上是互相的。十分有成效的一件事是，我每週都會與團隊通一次感謝電話。我們在Zoom上開會，成員一個接一個地說出自己感激的事。可以是任何事情，比如有人感謝對專案有幫助的分享資源，或者感謝在週末見到家人和朋友，又或者感謝能與大家一起通話分享。

每週的感謝電話是員工的定期會議，他們希望可以分享自己的想法，並感受到有人傾聽。參與通話的人，包括我在內，全都會分享想法。這並非每週的瑣事，而是我們建立文化的方式。這是我們眞心期待的一件事，讓人好奇，也吸引我們思考自己想與團隊分享的事。

如果每個人都像傑米和他的團隊一樣，每週有一次感謝會議，該有多好啊！（或許我們也可以。）如果現在要舉行一場感謝會議（或本週晚些時候），你會邀請誰？在哪裡舉行？你會感謝什麼？你會說什麼？說出感謝的事讓你感覺如何？聽的人可能會如何反應？有人感謝你的支持，你會有何反應？

對大多數人來說，情感意象會觸動其他感官。比方說，單獨感受「興奮」可能不容易，但是如果結合了去機場接你想念的人的念頭時，就會變得更加眞實：想像你們擁抱、微笑、可能分享的談話內容。同樣的，你在練習中使用的意象愈逼眞愈好。

雖然我們透過一系列簡單問題來評估情感意象，但這是我們必須體驗和詳細闡述的事，因爲情感意象帶有目的和意義。這是由於它彌補了認知任務（比如視覺化的物體或聞咖啡豆）與動機意象（激勵你爲人生的追求付出努力）之間的差距。

意象的問題

自高爾頓的早期意象研究以來，已經有證據證實一種名爲「想像障礙」的病症，也就是沒有視覺上的想像能力。一百多年後的現在，對於這種現象的研究方法，是對視覺想像能力曾經很強、但如今已喪失在腦海中「看見」能力的人進行腦部掃描。⑨對於極少數人來說，視覺意象的訓練或許發揮不了作用。但是針對這極少數的人，我們要說的是：還有希望，因爲透過試驗，你可能早就找到啓發想像力的方法。

我們曾經指導一名沒有視覺意象的資料視覺化設計師（製作資訊圖表和圖解，將龐大資料集視覺化呈現的人）。他主要藉由反覆試驗，而不是預先在腦海中用圖像來規畫如何呈現數據。他會嘗試不同顏色、圖表類型和字體，直到找到想要的數據呈現樣子。

同樣的，一些最優秀的科學家、世界領導人、藝術家、音樂家、律師、醫師和心理學家也有想像障礙，比方說，著有想像力相關書籍的腦神經學家奧利佛．薩克斯。當一個人失去視覺意象時，其他感官的想像力往往會找到某種方式彌補缺席的感官。舉例來說，我們指導過一名女性，在請她想像海灘時，她「嘗到」香草冰淇淋，卻無法「看到」海灘。這種感官的混合稱爲「聯覺」，也會讓人聯想到女神卡卡、肯伊·威斯特（美國饒舌天王）和菲董（美國歌手）的狀況，他們聽見音符時，會看到顏色（或嘗到味道）。每個人都是與眾不同的，因此最好採取因人而異的方法。

有一些因素會限制一般的想像能力，比如注意力障礙。尤其是，被診斷患有注意力不足過動症的人當中，有五〇%都有意象能力的障礙。⑩這不一定起因於「不專心」，而是這類失調症患者處理資訊的方式造成的。

睡眠品質也很重要，因爲它會影響注意力與處理能力，這兩種能力又和意象能力息息相關。晚上睡覺（和小睡）睡得好，你就能創造細節更豐富的意象，因爲這時你擷取記憶的能力會比睡眠不足時還要好。⑪

大腦損傷會影響一個人在腦海創造新意象、從記憶中擷取意象的能力。⑫大腦損傷後，還能提升意象能力嗎？可以，但會是漫長的過程，而且很遺憾的是，在某些情況下不太可能。

飲酒過量，是第四個會損害意象能力的因素。酗酒會減少前額皮質的活化，這會讓人更難擷取資訊和製造意象。⑬適量（始終）是關鍵。

所以到這裡你已經擁有：一個你可以深入鑽研的工具箱，可以用來提升所有意象感官。在精進積極、以情感爲基礎的意象之前，我們建議你根據自己的意象得分，用前文的其中一、兩個任務開始，訓練自己的認知意象。

最好的做法是持續寫意象日誌，記錄及追蹤自己的進展。嘗試訓練這些任務，在想像中刻意詳細闡述具體細節，找到最適合自己的方法。當我們深入探究動機意象時，也就是說，當我們將意象與你的目的和意義聯繫在一起時，提升自己的認知意象技能，會確保你準備好詳細闡述多感官的細節。這會提供你最好的機會，讓你有可能進展到「選擇點」正確的一邊，實現一直以來的夢想。

第5章 整體意象

心中無靶，就會無的放矢。

——吉格．金克拉，美國著名勵志作家

場景一：想像在英國的高沼荒原，你獨自一人在黑暗中，天寒地凍。你沒有手電筒或頭燈，因爲禁止攜帶這些物品。你想，這趟十三公里上坡跑的噩夢，大概已經跑完一半了。你又餓又痛，還很擔心這片土地上的數百萬個凹坑，很怕踩到窩在凹坑裡睡覺的毒蛇。當地人由於這些凹坑的大小，所以稱其爲「嬰兒頭」。即使嬰兒頭凹坑裡沒有蛇，但萬一腳不愼被絆住，還是會傷到腳踝。

有個聲音喊道：「你永遠一事無成！面對現實吧，你是魯蛇。魯蛇現在就可以回家了。」這可能是你腦袋裡的聲音，但也是腦袋外面的聲音，顯然來自黑暗的某處。那個聲音提醒你：「附近有一輛小巴。別跑了，快上車，那裡溫暖又安全。」你渾身疼痛。你想：**「這簡直是瘋了。我會孤零零地死在這裡，不然就是造成跟隨一輩子的傷害。」**腳痛得難以忍受，但你全憑意志力和頑強繼續跑下去。在十三公里處，你完成了。你做到了！你累倒在地。喝水，也忍住淚水。然後，那個來自黑暗處的相同聲音說：「現在往回跑。」

什麼？再一趟十三公里？不，不，你說的是十三，不是二十六！

你受夠了。看著其他人折返並開始往回跑的同時，你卻像殭屍一般走向小巴。癱坐在小巴的厚絨布椅上，一杯熱呼呼的咖啡遞到你面前。聞起來很香，馬克杯的溫度撫慰人心。你喝了一小口，溫熱的液體順著喉嚨流下，讓你從內心溫暖起來。你享受這種感覺，直到意識到自己做了什麼事。

你退出了。

當小巴的引擎聲轟隆轟隆響起，你感到難受。小巴行駛了將近兩公里，來到一個燈光昏暗的小檢查站。原來，這才是跑道眞正的終點。這只是一項測試，但是你失敗了。其他人抵達後，也很意外知道不必跑完剩下的路回去。有人累到嘔吐，開始哭了起來，但是很快就擦乾眼淚，並與洋溢燦爛笑容的朋友擊拳慶祝。他們接過溫熱的咖啡，然後一個個上車，輕拍了你的肩膀。突擊隊員選拔賽到此結束。四十八小時內，你會被調到另一個單位。震驚和羞愧襲上你的心頭——要是能堅持下去就好了。

場景二：想像在英國的高沼荒原，你獨自一人在黑暗中，天寒地凍。你沒有手電筒或頭燈，因爲禁止攜帶這些物品。你想，這趟十三公里上坡跑的噩夢，大概已經跑完一半了。你又餓又痛，但你沒有把注意力放在痛苦和恐懼上，而是想到家人。叔叔約翰是你的榜樣，你看見他的臉，想起他最喜愛的歌。你開始哼起這首歌，覺察腳下的位置，留心自己可能踩到沉睡中的毒蛇，牠們可能就窩在這片土地上的數百萬個凹坑中。這些凹坑因其大小被稱爲「嬰兒頭」。

有個聲音喊道：「你永遠一事無成！面對現實吧，你是魯蛇。魯蛇現在就可以回家了。」你置之不理，開始哼得更大聲，並將注意力集中在自己如果成爲突擊隊員的美好感覺上。到時，就能告訴家人：「我辦到了！」見到身邊的親人歡呼、微笑，爲你和你的成就感到驕傲。

那個聲音提醒你：「附近有一輛小巴。別跑了，快上車，那裡溫暖又安全。」你繼續哼著歌，全身發疼，疼痛還朝雙腳擴散。你提醒自己，這只是暫時的，疼痛來得快，去得快。

就這樣，你想起自己最愛的夏日海灘，陽光燦爛奪目，溫暖的白沙裹覆著身體。

在十三公里處，你跑完了。你做到了！你累倒在地，喝了一杯水，忍住眼淚。然後，那個來自黑暗處的相同聲音說：「現在往回跑。」

你想：**「什麼？再一趟十三公里？」**接著，你暗自發笑：**「我就知道他們會幹這種瘋狂的事。」**你笑著告訴自己：**「原來不適合每個士兵，是有原因的。」**你看見另一位學員，如殭屍般走到小巴。

你想：**「我可以的——有人還熬過比這更糟的事，我的情況還沒那麼壞。」**你繼續跑，像約翰叔叔一樣奮戰到最後一步。有一天你會講自己和叔叔的故事給孩子聽。你抬頭仰望繁星，它們好美啊。你想起這次訓練爲什麼對自己很重要，以及對未來的願景。

在遠處，你看見一個燈光昏暗的檢查站。小巴停在那兒。帶隊中士告訴你這是眞正的終點。你辦到了！身旁有個人累到作嘔，並擦去眼中流下的淚水。也許只是汗珠，他和你擊拳慶祝。儘管家人在幾百公里外，但你的腦海浮現他們的臉龐，是他們帶你度過了難關。你累了，筋疲力盡，累到走不動。一杯溫熱的咖啡遞到你面前，你將它舉到鼻子前、吸入咖啡香氣。馬克杯溫暖你的雙手，你啜飲了一口，咖啡前所未有地好喝。你很享受這種溫暖的感覺，接著搭上小巴，同情地輕輕拍了早先放棄的那個人。你想，**要是他再堅持幾分鐘就好了**。

挺過你想放棄的那一刻

這兩個場景都是根據英國陸軍預備突擊隊員訓練計畫中，學員的真實經驗改編。①是的，它們很極端。你很可能絕對不會承受這麼大的體力負荷和壓力，而且還有人大喊著要你放棄。儘管如此，你有多少時候會選擇溫暖的小巴？當困難來臨或發生意料之外的事時，你放棄多少次了？你聽到那個激烈質問你的聲音嗎？還是，你會用親人的畫面來轉移自己的注意力，或者以任何動機來熬過痛苦嗎？

我們從技術層面告訴過你意象如何運作。你也評估過自己的意象能力，我們還希望，你在可能不是最強的領域上精進自己的意象能力。現在，我們要讓你的意象展現威力。你會學到如何使用意象來保持動力，挺過自己想放棄的時刻，這樣才能繼續朝著渴望的目標前進。

在場景一，最終放棄的士兵沒受過ＦＩＴ訓練。強納森後來與他面談，想了解這個特定的「選擇點」。這名士兵提到，他沒有正規化的想法管理技巧來掌控心理叛變。他說如果能回到過去，他會「改變導致我退出的那一瞬間念頭」。在場景二，堅持下去並成爲突擊隊員的士兵表示：「透過將注意力集中於深入思考自己的**『爲什麼』**，ＦＩＴ使我的深思熟慮正規化，而且幫助我順利撐過一波波的痛苦。」他現在被派駐挪威。

你現在知道了，目標是透過目的、意義及行動來驅動達成的。整體意象就是結合認知與動機意象，能增強你堅持目標的能力。使用ＦＩＴ（和〈ＰＡＲＴ３〉會介紹的團隊意象），英國陸軍將士兵的目標達成率提高了四四％。在非軍隊的例子中，我們目睹到，運用意象實現目標的人數比用其他方法多出大約五倍。

與軍隊、奧林匹克運動員、高階主管、希望減重的人，以及一般想實現目標的人合作期間，我們遵循同樣的過程，首先探索價值觀，然後信念、態度、認知，最後才是行爲。次序很重要。本書的〈PART 1〉主要著重於你的價值觀、信念、態度和目標。在〈PART 2〉，我們透過意象探討你的認知能力。你的認知能力是指：你如何根據自己的記憶、對當前正在做的事的立即回饋、對未來的看法和計畫，來解釋周遭世界。你使用認知能力的方式很重要，因爲它是有責任心、慈悲與目標導向的關鍵。

二〇一一年，強納森認識了三名十二歲的運動員。她們就讀同一所學校，參加同一個運動隊，教練也是同一人。當時，強納森的職務是運動表現教練，訓練爲奧運苦練的運動員，在訓練成人的空檔，他還協助青少年組。這三名年輕的運動員在能力、體格、智力及動機方面都差不多。她們一起學習、一起訓練、常常一起吃飯和一起比賽。這三名女孩在擊劍運動上，不只是擅長而已，而是表現優異。四年來，她們輪流獲得青少年錦標賽冠軍；直到她們滿十六歲時，其中一個人突然明顯超越其他兩位。強納森想發掘其中的原因。

二〇一五年，他訪談了這三位運動員，試著找出她們之間的差異，尤其考慮到她們擁有相似的價值觀、信念和態度。她們告訴強納森的事，影響了他隨後幾年對意象的研究。他曾與九項運動的三百二十九位運動員合作，當中包括十一位奧運獎牌得主。②他也和數百名軍人和幾位執行長合作過，全都促成了強納森如何使用 FIT 的形式，這會成爲使你向前邁進的意象模型。

意象次序

我們使用的 FIT 模型，教授並解釋了將目標與正規意象練習合併的過程。它的運作如下：在【圖表5-1】中的圓圈分成四個意象階段（A—D），與你現有的目的、意義與行動（1—3）相關。

第一次經歷A—D意象階段時，一定要花時間詳細闡述細節，並認眞思考你的目的、意義與行動。雖然意象模型向下延伸，但是圓圈內的箭頭顯示，在使用意象時，你可能想往上升。從圓圈3「行動」向下移動的箭頭會產生我們所說的「行爲提示」，它是一個行動或字詞，是根據你個人偏好制定的，差不多就是一個瞬間。這裡的目標是爲了延長你的「選擇點」，在闖入型念頭變強並影響你的行爲之前介入。

【圖表5-1】

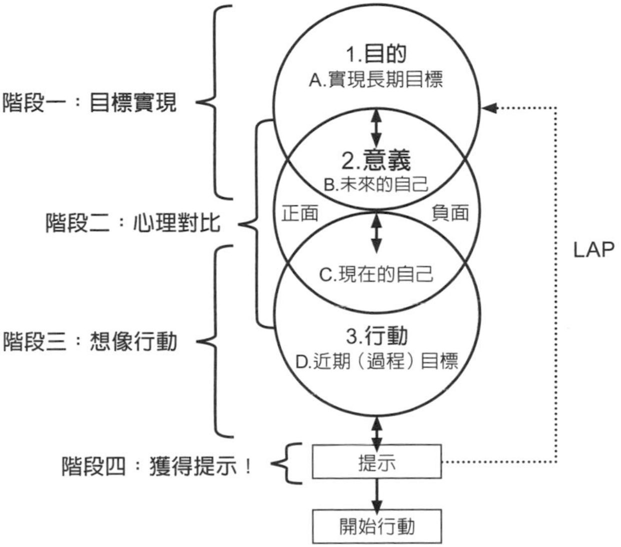

這個提示會強化意象過程，因爲它會導致一個稱爲LAP（虛線部分）的新次序。**LAP代表找到提示**（**Locate** your cute）、**啓動意象**（**Activate your imagery**）、**堅持任務**（**Persevere with the task**）。這是你如何使用意象來激發勇氣，進而在遇到困難時保持動力，並堅持下去。我們會分四階段來解釋每一部分的運作原理。

強納森與三位擊劍運動員會談中了解到，她們之間的差異並不在於如何設定目標。她們都想成爲奧運選手，也知道自己這麼做會激勵其他人，並曉得必須苦練，以及這對她們個人的重要性。還有，三人都非常清楚自己當前需要努力的小事和目標。要說三個女孩之間的差異，以及我們確定會影響大多數人是否成功實現挑戰性目標的因素——有三個方面。

首先，當思考自己目標的時候，你在多感官意象中運用了多少細節，至關重要。透過詳細闡述探觸的細節愈多，你追求這個目標的初始動機就愈高，也愈快接近自己的「魯比孔河」。

其次，如果你的目標遠大，就必須將它分成更小的挑戰目標（也就是這些目標要比簡單就能實現的目標難度再高一點），然後與你目前的狀態做心理對比。所謂心理對比，就是將你現在付出的努力（現在的你）與將來實現目標時付出的努力（未來的你）進行比較。你可以問自己：「根據自己目前的行爲，我未來的目標是否可以實現、實際可行，也值得付出努力？」

最後，你必須創造提示，也就是提醒自己目的與目標重要性的事物。提示是很個人的，它可以是用磁鐵壓在冰箱上的度假勝地廣告單、家人的螢幕保護程式——任何能觸發你與目標產生情感連結的東西。

我們用一個假設的例子，一次演練一個意象模型的圓圈。

假裝你有個目標是，想在今年後半年與家人和朋友一起去度假。假期是可以讓你們盡情玩樂、放鬆和感受當下的一種方式，它也能讓你體現了自己的價值觀：家人、樂趣和平衡。

使用1「目的」中的意象，可以讓你探究一般性問題，像是：

我們要去哪裡？

天氣怎麼樣？

誰會去旅行？

還有更具體的問題，例如：

我們會怎麼做？

我能想像我們所有人都這樣做嗎——聲音、味道、觸感、氣味等等？

爲什麼假期對我的家人和朋友很重要？

它如何為他們帶來樂趣，以及帶給他們怎樣的感受？

它如何為我的家人和朋友帶來平衡？

第一個圓圈是你開始使用意象來體驗自己目標的地方，因為在加入目的同時，你正利用多種感官。你的目的引發圍繞著目標的情感，進而激發了自己的動機。如果受到自己的目標激勵，你可能就會與別人分享這個想法，比方說：「嘿，你想和我一起去斐濟度假嗎？」不過，在你與其他人分享自己的目標之前，我們建議你先使用意象自己演練一遍，想像對話有可能會怎麼進行。

圓圈 2「意義」是你的個人理由——為什麼這個目標對你很重要。以意義為主的意象可以讓你對比現在的自己與未來的自己。這能讓你進一步探索：沒有實現與實現目標，分別會是什麼樣子。

大多數人在著手規畫假期時，首先會研究行程安排與想像旅遊路線。在這種情況下，你會開始計畫前往斐濟必須做的事：搜尋航班、日期、價格、住宿、短途行程及評價。這個探索階段不僅令人興奮和充滿期待，還有助於你設定目標：這要花費○○○

元、我們會在○月○日出發、我們要住在○○○度假村、還要做○○○。

但從意象的角度來說，我們總是**先**關注最終應該會帶來失望感的負面可能性。

你可能問自己：要是我們沒存夠錢怎麼辦？要是我們不能在這天出發、無法住在這間度假村、不能參加這趟短途行程，怎麼辦？這看起來怎麼樣？感覺又是如何呢？

不去度假對你的幸福和期望體驗的樂趣有何影響？

你感到失望嗎？

接著，你對比負面結果和正面結果。注意力先放在負面結果，能增強你的動機，並提高實現目標的可能性，因爲沒有人想停留於失望的感覺中。也因爲自己現在的情況與實現渴望目標之間的差距，讓你專注於必須做的事，成功因此變得更切實可行。你可能會說：

我必須存下的金額爲：＿＿＿＿，我可以在＿＿＿＿之前存到這筆錢。

我必須預訂＿＿＿＿班機、＿＿＿＿度假村，還有鯊魚潛水。

我能想像在自己想要的日期出發、住最喜歡的度假村、戴水肺和鯊魚一起潛水。

我能想像夕陽西下時分在沙灘上散步，圍著營火來個意義深長的夜晚閒聊，以及與家人和朋友在一起時，滋養了我的幸福感。

在這個過程中，你很可能就會想到這樣的問題：「爲了實現這個目標，我必須付出的努力和犧牲值得嗎？」這種內在談話，也就是你的內心對話，是你改進自己目標及設定具有挑戰性、但務實目標的方式。這也是你做出妥協之處（也許鯊魚潛水眞的太貴了，但你仍想水肺潛水）。這樣的改進讓你能將動機調節器移到承諾開關。換句話說，你設定目標，然後開始朝著承諾的目標努力——或者如果覺得目標中看似令人興奮的一個要素（動機）不值得額外的付出（承諾），你也可以不這麼做。那些堅持目標的人，會有計畫地朝著小目標努力，而且全心全意地讓每一天都過得有意義。

最後一個圓圈/行動，是用你的想像力來計畫現在的自己（今天的你）如何採取立即行動，才能努力實現自己的目標。你可以決定帶午餐便當上班，省下外食的花費，或者設定行事曆的提醒通知，在每個發薪日將錢轉到你的儲蓄帳戶，這樣就可以存錢去斐濟了。

最重要的是，在你實際這麼做之前，**想像**立即採取這項行動。你可以想像拿起手機（感覺到它的顏色、重量、質感、溫度），滑開螢幕（觸感和聲音），設定提醒（感受你用指尖寫下「斐濟之旅」時的感覺），寫好之後關上手機。此時，你有什麼情感、意義和目的？

爲了讓每一天都有意義，必須設定好提示，因爲它們扮演了觸發器的角色，使你想起自己的目的和目標的重要性。如果目標是去斐濟，你可以印出一張照片並將它固定在冰箱上（提示）來提醒自己這個目標。你也可以在手機主螢幕放一張微笑的家人照片（另一個提示），提醒自己爲什麼這個目標很重要。每個提示都扮演一個迴路，將你的注意力帶回圓圈。藉由將你與自己目的、意義及行動連結，它啓動了你的意象。當一遍又一遍地提醒自己的承諾時，它們全都有助於你堅持不懈。

輪到你了

階段一：目標實現

【圖表5-2】

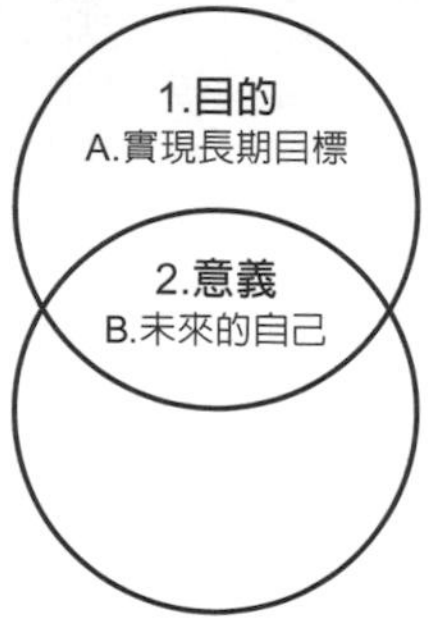

想體驗意象如何發揮作用，首先要重新聚焦你的長期目標。（參照【圖表5-2】）

階段一是所謂的「實證途徑」（positivist approach）：我們正將你的幻想目標連結到更熟悉的現實情況。在這個階段結束時，你應該感覺到自己好像剛剛實現了目標，因爲你這時觸發的大腦區域，與實際實現目標時被觸發的區域類似。如果你每天（甚至每隔一天）這麼做，就能激起動機且充滿活力。

然而，如果你在階段一過於頻繁地進入意象模式

（比如一天數次），這個過程可能就會變得令人疲倦。因此，儘管我們最初花較多的時間在階段一，但隨著整個意象次序的進展，我們會將階段一花費的時間縮短到幾秒鐘。

如果你的目標是寫一本書或創作一齣劇本，那麼應該先從目的和意義開始，之後再讓自己進入已經完成任務的想像情境裡。在想像場景時，你要知道，目標實現的時間點與你實現目標時的多感官細節，會因爲每個場景而有所不同。就寫劇本而言，實現的時間點可能是影視公司表示想購買你的劇本那個當下，也可能是寫作團隊告訴你沒有改動、可以開始製作的那一刻。或者在你坐下來觀看首播時。無論你在何種狀況下，這個場景都需要多感官的詳細闡述。

在接下來的幾頁中，我們會使用多感官意象做兩件事：關注你的目的（以及實現目標對自己和別人產生的影響）、關注你的意義（探究爲什麼目標對你很重要）。開始意象過程時，保持輕鬆很重要。我建議你坐下來，不要有太多干擾。也就是要關掉任何可能使你分心的音樂或聲音。坐下時，雙腳平放在地板上，首先將你的意識帶到雙腳接觸地面的位置，再將所有注意力擺在大腳趾上。不要期待任何事情發生，只要覺察就好。

現在，專注於實現長期目標時，你**身在何處**。在上一章，你學到哪個意象感官（視覺、聽覺、情感等等）對你最有用。使用這個感官開始爲你的體驗增添層次。這就是我們所謂的「進入意象模式」，也是你詳細闡述及反思的個人時間。不用急，讓自己眞正沉浸在這個過程中。慢慢閱讀下文：

你現在正進入意象模式。

首先，將注意力集中於你的目標，以及爲什麼這個目標能爲你的生活增添目的感。想像這個目標。當它實現時，你在哪裡？

具體地創造場景，包括顏色、特質、大致樣貌。

溫度多少？

你聽到什麼？

你的呼吸怎麼樣？

你有拿著或碰觸任何東西嗎？

你在移動嗎？

有氣味或味道嗎？讓你的思緒漫遊……

這個目標對其他人有何影響？他們在做什麼？說什麼？有什麼感覺？
與其他人建立聯繫的感覺如何？
爲什麼這個目標對你很重要？
爲何選擇這個目標、爲何現在想實現？
你如何想像未來最好的自己？
你現在已實現了目標，接下來要做什麼？

重要性等級從〇（不重要）到十（非常重要），請爲實現這個目標對你有多重要評分。

離開意象模式，然後回顧這個過程。

利用你的日誌，回顧一下在這個場景中，你是如何想像的。進入意象是容易，還是困難？爲什麼？哪些方面進展順利，哪些方面需要改進？你是否分心了？如果有，下次你可以怎麼保持專注？（如果你分心了，別擔心；最初幾次會分心是很正常的。）你如何讓意象變得有趣？你能看出這個過程對自己有何益處嗎？此時，你的目標重要性應該得到高分（大於五）。如果不高，就表示你目前可能專注在錯誤的目標上，在進入下一階段前，你應該重新檢視自己的價值觀與目的相符程度。

階段二：心理對比

在意象次序的階段二，我們鼓勵你根據自己的抱負及適合的行動，以詳細闡述細節的方式，探究實現目標可能的正面**與**負面結果。（參照【圖表5-3】）

在階段一，我們以寫劇本爲例，想像透過目的來實現目標。階段二同樣以劇本爲例，這時需要我們檢視意義（個人的重要性或做這件事的原因），以及你現在所處的情況與成功實現目標之間的**差距**。這個差距中包含了關鍵挑戰、潛在障礙，以及顯示進展的預期里程碑。

當我們把長期目標分成比較小的里程碑，檢查進展至關重要，尤其是想像中程目標：介於開始與完成之間的中間點。想像中程目標提供了一個可以努力實現的中期目標，這增加了著手開始及承諾目標的急迫性，使得里程碑更爲實際。

爲了充分探究差距，我們從負面意象（失敗）開始，檢視爲什麼自己沒有克服挑戰。萬一你特定的寫作風格有問題，怎麼辦？萬一照料小孩或家庭阻礙了你抽出時間寫劇本，怎麼辦？萬一找不到有經驗的經紀人，怎麼辦？或者萬一你一直錯過階段性目標呢？這些「萬一」時刻是想像出來的，因爲它們有可能成爲事實。藉由探究可能的「萬一」時刻，你可以在遭遇到障礙前，想像並規畫解決方案，例如：要提升寫作風格的做法是參加課程或聘請教練。你可以想像坐在電腦前，戴上耳機，小口喝著一杯熱巧克力，慢慢地學習、改進，努力掌握寫作技巧。透過對比兩個部分：**負面意象**、**正面且以解決方案爲本的意象**，你更有機會在階段二結束時保持滿滿的動力，然後準備好在階段三採取行動。

【圖表5-3】

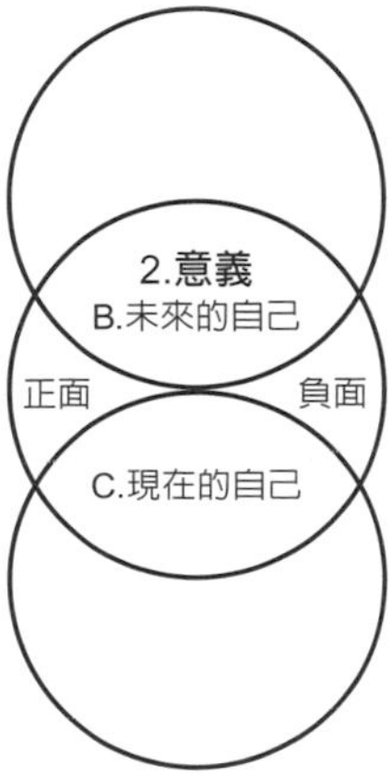

我們來試試第一部分的想像，也就是負面意象。先深呼吸，吸氣四秒、屏氣一秒，然後吐氣四秒，覺察你的呼吸。和之前一樣，慢慢閱讀下文：

你正進入意象模式，開始專注於你的目標。
意識到自己還沒實現中程目標時，你在哪裡？將焦點放在顏色、溫度和聲音。
你與誰在一起，而且（或）你想告訴誰？
你的胸部和肩膀感覺如何？
過程中遇到什麼障礙？
爲什麼你沒能克服這些障礙？
你接下來會做什麼？設定新的目標，還是就這樣？
這會如何影響你的長期目標？
你對自己有哪些認識？
如果可以，你會改變什麼？

在繼續閱讀之前，請在這個意象模式停留片刻，確實留意失敗的感覺。

「失敗」是一個帶有許多負面含意的用詞。然而，我們不認爲失敗是一件壞事。的確，它給人不愉快的感覺，但本質上並非不好。人都會失敗，卻鮮少談論自己的失敗，因爲失敗在社交場合並不「酷」。我們不會藉由介紹自己是失敗者來結交伴侶或認識朋友，但也許應該這麼做，因爲我們對失敗的反應，透露了自己的個性。失敗與奮戰證明我們在乎，並追求自己重視的東西。如果你想實現目標，就需要奮戰。透過想像必然的奮戰，你就會在面臨關鍵的「選擇點」時做好準備，因在這些選擇點上，你會遇到讓自己想放棄的闖入型念頭。

現在，讓我們換一下思路，嘗試第二部分。此處，要藉由認眞考慮中間點有什麼感覺來探索你的目標。這次，重點會放在實現長期目標時先達成中間點目標的感覺。慢慢深吸一口氣，數到四，留意空氣如何進入肺部，屏住呼吸數到一，然後吐氣數到四。

你現在正進入意象模式。首先，在意識到自己已經成功實現中程目標時，請把注意力集中於自己身在何處。

你在室內，還是室外？

你聽見什麼？聞到什麼？

你的胸部和肩膀感覺如何？

你克服了哪些障礙、解決方案又是什麼？

哪些個人優勢幫助你克服這些障礙？

你接下來會做什麼？下一個目標是什麼？

達到中程目標對你的長期目標有何影響？

你對自己有哪些認識？體會到努力付出獲得回報時，對你有何意義？

今後你打算如何克服挫折與奮戰？你的下一步是什麼？

信心等級從〇（沒有信心）到十（非常有信心），請爲你此刻達到中間點時的信心程度評分。

在意象模式下多停留幾秒鐘。

現在離開意象模式，接著，在繼續往下進行前，花些時間認眞思考，並在你的日誌中回答以下問題：

在使用意象方面，你有何進步？

在使用意象上，哪些方面進展順利，哪些方面需要改進？

是否浮現問題中未提及的任何念頭？

發生了什麼事？

爲什麼你會給自己的信心這樣的分數？

針對潛在的正面與負面結果做心理對比，縮小了現在與未來的自己之間的差距。③階段二在兩種幻想結果（失敗與成功）之間創造一種不平衡感。不平衡使我們想朝著自己渴望的目標努力，而不是失敗。不平衡感有助於你成爲更好的自己，因爲人天生就會尋求平衡（均衡）。

與想像正面結果相比，想像負面結果的體驗如何？當詢問我們個案這個問題時，大多數人表示這會讓他們重新燃起努力付出的鬥志，確保自己不會經歷失敗或失望。信心分數往往可以用來檢驗現實情況，因為得分低（低於六分）就顯示中程目標可能挑戰度太高，代表必須重新審視目標。

這種對比負面或正面結果的行為，正是你的動機增強並成為承諾的階段。沒有人願意覺得「明明原本可以更努力的，這下失敗只能怪自己了」，但凸顯這種可能存在的感覺，是我們增強動機與承諾的方式。在這個階段，我們的個案往往會說：「這取決於我。我需要做出犧牲並付出艱苦努力。」因為知道如果繼續堅持自己的計畫，就會獲得他們在想像中已經體驗過的甜蜜成就感。

階段三：想像行動

到目前為止，你已經制定目標，感知了結果，並仔細考慮自己的計畫，但還沒有實踐行為的改變。做出行為改變，是你根據目前能力和可用性做計畫的第一步。如果你打算應徵新工作，但沒有電腦可用，或者如果你承諾吃得健康，但又愛亂買，這就是你從

計畫進展到行動的階段。（參照【圖表5-4】）

在階段三，你根據現在的自己情況，使用意象來設計一個實際可行的近期至短期目標（兩週之內實現）。這個短期目標稱爲「過程目標」，因爲它可以分成幾個部分，舉例來說，四百公尺跑者可以將一場比賽分成技術（例如：腳掌著地）、策略（例如：配速）、心理（例如：信心），以及生理（例如：耐乳酸訓練）等要素。這個例子無疑對運動員很有用，其整體概念也可以廣泛應用。

【圖表5-4】

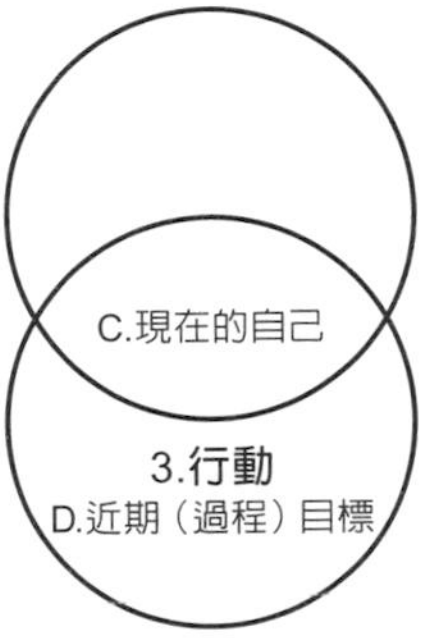

如果繼續以寫劇本這個目標爲例，那其中的要素在某種程度上仍舊保持不變，但具體內容不同：技術（例如：制定劇本架構或決定研究領域）、策略（例如：什麼時候寫及持續多久）、心理（例如：如何管理壓力）與生理（例如：你會怎樣保持健康、充足水分和體能）。所有構成要素對於撰寫劇本的過程都極其重要，在這個階段，它們都要經過詳盡的想像，作家才能沉浸於體驗中。在小事情上下功夫不僅能讓運動員或作家站上起跑線，還能在重要時刻幫助他們保持一貫的表現。

對你來言，第三階段有兩個主要問題：

一、本週的目標是什麼？

二、今天我如何爲自己的目標努力？

如果本週目標是應徵新工作，你可以想像自己坐在桌前，喝著咖啡，邊啃火腿三明治，同時完成線上塡表。要爲這項任務做好準備，你可能需要先找出證書之類的文件、請人當推薦人，也許還可以去採買咖啡及午餐食材。不過，你想像的完成任務方式不必和眞實經驗完全一樣。我們建議你爲事情留一些可以改變的彈性。如果你想像咬了一口火腿三明治，但超市裡沒有火腿，那就調整一下，改買花生醬，而不是完全推遲任務，直到找到一家有火腿的熟食店。

我們稍候就會進入意象模式，但首先要做的是，提醒自己短期目標。我們會使用意象細分實現目標的過程，然後制定實踐方案。實踐是小小的第一步，它會讓你步上前進的軌道。我們輔導想多做運動來保持健康的人時，第一步通常是請他們將運動鞋放在大門旁邊，寫一張購物清單，或裝滿水瓶來補充水分。無論你的第一步是什麼，都必須與個人有關且針對自己的目標。

歡迎回到意象模式。把你的雙腳放在地上，慢慢深吸一口氣，吐氣時感覺肩膀放鬆。當你準備好時，將注意力放在你的短期目標。具體來說，想像實現目標時，你在何處。

留意聲音，或者也許是你是怎樣自言自語的。

溫度、氣味、味道如何？或許你有某種感覺。

覺察周遭的環境、顏色和質地。

本週必須克服什麼障礙，才能讓你來到這個階段？

能進行到這個階段，你完成了哪些小步驟？

你的出發點是什麼？

現在，我們要改換成思考實踐這個目標。你能立即實踐哪件事？你能仔細想像現在做那件事嗎？

慢慢地在這個第一步融入你的感官。當你準備好時，離開意象模式。

第一步是階段三最重要的部分，因爲它將意圖付諸行動。無論你決定實踐什麼，哪怕是最小的行動也很重要。你的第一步表明了意圖，就算它只是擬一份核對清單或膳食計畫。當你採取靈活與專注的態度時，它開始透過意圖重塑你的身分。

然而，即便態度再靈活，有時優先順序確實會改變。現在可能不是你開始實現目標的合適時機。例如：有些人可能想縮減自己耗在滑 YouTube 影片的時間，但他們長時間工作，因此用 YouTube 來緩解壓力，這是在忙碌的一天之後放鬆和休息的一種方式，或許現在不是減少的最佳時機。有些人會說，現在永遠是開始的好時機，但現實是，要讓現在成爲好時機，可能需要先做其他的改變。對很忙碌的人來說，一小步就是了不起的開始，儘管其他沒那麼忙碌的人已經準備好放手一搏，而不只是跨出幾步。

當你承諾一個目標並著手展開你的旅程，計畫第一步即是在你的盧比孔河時刻。等級從〇（還沒準備好）到十（已做好充分準備），你立即開始的程度有多少？不是明天，而是現在。如果分數低於七分，你可能必須改變優先順序，或預先計畫好方法來克服障礙，像是小孩照料、工作量及最後期限，尤其如果這個目標對你非常重要。

你在自己的旅程，以自己的速度行進，勢必會遭遇到自己的挑戰和選擇，而這些會塑造你的意義、目的及未來。你今天決定做的事會增強你的意識，推動你實現對自己眞正重要的目標。下一步是建立穩定的例行習慣，這有助於你在既定方向上繼續努力。

階段四：獲得提示！

努力付出和聰明付出應當是同義詞，但懷著正確意圖努力付出並非總能帶來渴望的結果。你必須採取行動，而且是**持續**行動。因此，創造提示如同提醒你以特定方式思考或行動的觸發器，這是準備階段的最後一步。提示會讓你朝著自己眞正的方向邁進（並幫助你繼續前進），也讓因爲日程繁忙或忘記等外在因素而分心的可能性降到最低。

這個階段的目標是，找到提醒你每天練習多感官意象的提示。每天練習多感官意象是必要的，因爲在你想放棄時，可以仰賴這個基礎來挺過那些想放棄的時刻。

賈桂琳是一名老師，也是划船運動高手，一直努力要改掉划船時肩膀緊繃的習慣。這是過度使用肩膀且未用核心肌群的徵兆，迫使她消耗過多的能量。她的教練指出，她是在「發力前划」、用力過猛或長時間訓練下心不在焉的時候才會這樣。教練會用客觀與督促的聲調喊道：「放鬆，賈姬！」她也會在腦中重複著「不要繃緊肩膀」，嘗試放鬆地划幾下。但這招只管用了幾下，之後她的肩膀不知不覺又會緊繃起來。經過意象訓練的指導後，賈桂琳制定了一項計畫。她將這項計畫連結自己的價值觀——感受到與隊友緊密相連，然後找到一個提示。

在上船之前，她給自己的提示是鎖緊槳架。在旋緊螺絲時，她想像著放鬆自己的肩膀。她感覺到雙腳推抵著船身，聽見滑行的船隻下傳來的水聲，聽到自己呼吸的起伏，並感受到隊友的手搭在她的肩上，讓她覺得安心。提示和意象讓她能提前準備，同時觸及自己的核心價值觀與優勢。她再也不只是在緊張的訓練中想著「不要繃緊肩膀」，而是將自己的意圖設定在想要的事情上，並付諸實踐。

如你所知，念頭是自發的，它們來來去去。雖然有些念頭看似不自覺與隨機，但很多念頭都是自覺的——你看到一些東西，進而激起一個念頭。提示如此重要的原因在於，它們可以用於好的方面，能用來觸發一個想要的念頭，然後這個念頭會像滾雪球一樣，愈滾愈大、愈滾愈快。

爲了讓你的念頭像滾雪球一樣愈滾愈快，詳細闡述是關鍵。若是想讓念頭愈滾愈大，你觀察提示的頻率就是重點。經常觸發這種透過提示來產生以目標爲中心的念頭，其實會改變你大腦突觸相互連結的方式。這就是所謂的「赫布可塑性」，它是一個同時受到刺激的相似突觸建立連結的過程。④如果這些連結的建立持續，就會形成一種習慣，這種習慣就有打破舊習慣的潛在力量。

提示就像價值觀、思維模式、目的、意義、態度和認知，是很個人的。提示相當於是特定念頭的提醒，它可以激勵你，也能讓你極度不安，或者使你產生介於兩者之間的感覺。

回到寫劇本的假設。提醒你想起目標的提示，可以是任何能讓你和「爲什麼」連結起來的個人事物。我們輔導作家時發現，他們的提示往往涉及早上的例行公事，比如沖泡咖啡，並在喝第一口前提醒自己**爲什麼**目標對他們的生活提供了**目的**和**意義**。然後，他們會細想即將面臨的**挑戰**，例如：要在截稿時間和家庭生活之間取得平衡。接下來，他們用多感官細節爲**今天**做好計畫。這個過程會產生一種急迫感，也要和以目標爲中心的念頭保持一致。我們輔導過的人可能會用自己和家人的照片，策略性地放置在家裡各角落，藉此激起一個目標念頭。在這種情境下，照片是一種提示，能觸動與個人的爲什麼有關的情感，爲他們的目標增添目的和意義，而且重複了意象次序（連結目的和意義、仔細考慮挑戰，以及爲今天制定計畫）。

在第 1 章，高台跳水運動員艾瑞絲的手機螢幕保護畫面顯示一張自己站在懸崖頂的照片，這觸發了創傷性念頭，因此她把提示換成中性照片，然後又換成一張富有意義的家人相片。與其設定新的行爲當提示（例如：彈手指），倒不如調整既有行爲（例如：拿起手機），並將既有行爲與新提示融合，像是挑選一張富有意義的螢幕保護照片。提示也可以是刻意的自我對話，提醒自己保持動力。我們聽說新拳擊手（泰森·福瑞）和老拳擊手（穆漢默德·阿里）總是說同樣的話：「我是最強的」，這激勵他們，並爲行動做好準備。

提示能快速被喚起，它們可以持續幾秒，也能長達沖一次澡的時間。不管提示是什麼，它都必須是很個人的、刻意的、對你有意義的。比方說，如果是喜愛早上喝咖啡或茶的人，你的提示可以是杯子倒滿，用來啓動自己的意象。咖啡的香味和倒入杯子的聲音觸發了你每天坐下來寫作兩個小時的想像，以及能有進展（不管篇幅有多小）的美好感覺。你可能有不只一個提示。你或許是在早上沖個澡，然後計畫當天穿什麼衣服、思考當天要完成哪些工作、需要寄什麼電子郵件。每個提示都是一個觸發器，一個想像的機會。一旦設定完成後，就可以使用ＬＡＰ把意象變成行動。

爲什麼應該使用ＬＡＰ？

我們與世界級運動員、執行長、軍人的研究及合作發現，表現優異者與表現不佳者之間的關鍵心理差異。

首先，很多表現優異者都是出色的多感官意象者，由於有能力創造逼眞的意象和控制念頭，因此他們能有效地制定計畫，以及更詳細地進行自我反思，進而增強自己的學習能力。自我反思使人能回顧體驗與制定計畫來克服挫折，也加速學習。其次，成功的人會做出更好的「選擇點」決定，因爲他們在小小進步中看見長遠的價值，並在面對逆境時選擇長期堅持下去。

總之，人在使用 LAP 時，會變得更有韌性，儘管遭遇挑戰，也能堅持下去。因爲自我反思及周密計畫，他們更加認眞負責。他們還表示體驗到更強的自我覺察和控制力。誰不想擁有這樣的能力呢？

意象練習：LAP（找到、啓動、堅持）

西班牙網球名將拉斐爾．納達爾說：「我最大的爭鬥是與腦中聲音交戰。」他說得好。提示提供了啓動意象的方法，將認知喋喋不休的音量調低，使你能專注於手邊的任務。如果看納達爾與其他傑出選手比賽，你就能直接觀察到他們的提示，比如輕拍鞋後、調整服裝及發球前拍球的次數等，全都是提示。這些有節奏的動作成爲一種儀式，能讓運動員保持放鬆，並在理想狀態下發揮一致的表現。運動員使用提示啓動多感官意象，接著就能計畫執行任務的過程。我們將這種應用意象過程簡略稱爲「ＬＡＰ」：找到提示、啓動意象與堅持任務。我們也把它應用在各層級的選手身上，比如世界級運動員，還有想參加自己首次五公里跑步的人。⑤

在日常作息中安插提示，可以讓人藉此產生特定的念頭。我們起初教導個人找到觸動行爲暫停的提示。這種暫停延長了「立即反應」，同時開啓「選擇點」之窗，從最初兩秒的決定點延至五秒鐘。光是融入一個提示，你就能擺脫放棄的念頭，因爲你融入一個與放棄念頭相互牴觸的新念頭。舉例來說，如果你在比賽中浮現一個負面念頭，提示就會打斷這個循環。

喬安娜輔導過一位馬術家，她使用的身體提示就是感受手指之間的韁繩。當她開始拿捏不準柵欄的距離時，就會將注意力集中在手握韁繩的感覺，這也觸發了一個她曾在高難度賽道上有出色判斷的特定記憶。

強納森曾輔導職業足球選手，將提示與念頭聯繫在一起。⑥他們的提示通常是拉起襪子，有時還有清除鞋釘上的泥巴，或者極少數情況下是重新梳理髮型。在對手得分後、在比賽的某個階段沒有按計畫進行後，這種提示會啓動意象，幫助球員恢復或保持專注力。這種方法能將不由自主突然出現的負面情緒和念頭，轉移到技術或戰術過程的目標，比如維持球員隊形，或在傳球前採取控制性的第一腳停球。這種提示可以打斷負面念頭，這樣就不會造成他們表現下滑。

找到提示後，你就能啓動正面的多感官意象，想像實現近期或長期目標時的所有感覺。體驗完這個意象後，你隨即就可以計畫下一步行動，並投入行動。

網球運動員安迪就成功地將LAP用於「賽前例行性動作」。他首先找到自己的提示（旋轉球拍），這啓動了他的意象：他簡短回想自己的目的（激勵他人），同時環顧四周。安迪想像這項特殊比賽的重要性，並詳細闡述正面結果。然後，他看到自己的過程目標：一個外角發球，緊接著回擊至對手的反手位置，移動的速度，因地面而產生的撞擊感，以及與球拍接觸時注視著球。接著，一記吊小球……還有贏得這一分的喜悅。安迪在腦海中演練這個過程好一會兒，直到發球前大約五秒鐘。這時，他對自己的計畫做出承諾。在最後的五秒，他藉由屈膝來放鬆身體，並將注意力帶回立即的行動上，然後全心投入於動作（過程）及發球。這一連串的出賽過程有助於安迪對可能的連續對打保持專注，他承諾在意象階段做出的行動選擇，並堅持自己的計畫。

從提示、多感官意象到接受計畫，安迪使用LAP次序將賽前穩定性提升到最大程度，並掌控自己的思考。在連續對打的時候，他很自然地根據對手如何反應來調整自己的計畫。不過，「賽前例行性動作」仍然很重要，因爲它會盡可能地控制更多的可變因素，包括信心、本能及可能反應。從這之後，心流就居主導地位，比賽就開始了。

爲了管理你的念頭，你可以一天之中投入於LAP多次。它是專門針對每個人和每項任務，就像個人的提示、意象和計畫會因特定情況而不斷得到改善一樣。

與企業高階主管一起使用LAP時，我們請他們確認自己在哪些特定情況下需要集中精力完成某項任務。他們通常會提到，爲即將舉行的會議完成一份簡報。然後，我們會教他們選擇一個提示，比如握筆或喝一口飲料，使用意象在心理演練會議，同時計畫可能的挑戰和機會，並專注於出色會議的多感官體驗。最後，我們請他們做一件能幫助自己堅持完成任務的事，比如完成一張圖表、甚至小憩片刻。他們會像運動員一樣，使用LAP來放鬆，並把注意力集中在完成任務上。使用LAP的高階主管表示，他們的團隊在信心、專注力和正面回饋方面都提升了。

花一些時間反思，了解你的「選擇點」，並思索你個人可以如何使用意象。把你的想法寫在日誌中，關注刻意的提示及意象啓動。給自己足夠時間認真思考，你能怎麼應用LAP，以及如何在自己的意象練習上增加意義。我們建議你逐漸發展這些新想法，改進你的意象能力，並開發最適合自己的方法。

對於我們的個案，這種醞釀階段通常持續一週，但對有些個案來說可能更長。我們相信你會想繼續讀下去，但暫停一下，靜下心來想想價值觀、信念、態度、認知，以及你如何堅持下去的行為，對你有長遠的幫助。試著透過使用提示，實踐並開發意象。相信我們，這很值得。

第6章 重置

我眞的認爲冠軍的定義不在於贏得勝利，而是跌倒時如何重新站起來。

——小威廉絲，美國網球名將

我們並非注定活在求生存模式中。「戰或逃」的模式受到交感神經系統支配，如果不加以控制，猛然進入這種狀態就會變成一種習慣性反應，導致慢性壓力和過度反應。這樣一來，不僅阻擾我們的表現，降低人際關係的品質，還阻礙我們以最佳健康狀況、睡眠品質及愉悅來活得長壽。

這是爲什麼擁有可以用來重置思維的工具如此重要。重置的活動可以是在海灘或大自然散步，呼吸新鮮空氣、聽聽鳥鳴、看看天空及放鬆身心。它也可以是騎腳踏車，就像愛因斯坦那樣，還可以是打電話給朋友、駕著帆船出航、騎馬、讀詩、唱歌、跳舞、在美麗的公路上兜風、做瑜伽、寫日記、冥想等等。

遺憾的是，很多人在重置之前都耽擱太久。他們把自己操到極限，**然後**才去度假或休息。在吃勁地將內在的開關切到「關閉」狀態時，你知道自己拖得太久了；更糟的是，好不容易開始放鬆時竟然生病了，結果假期的頭幾天都在床上度過。

假期對我們的身心健康很重要，但更重要的是，培養每天重置思維，重新調整靈活的態度（以正面積極、樂觀進取的精神來接受新的可能性）。對重置練習得愈多，克服負面思維及避免倦怠的能力就愈強。

日常的意象練習，比如第 5 章介紹的 LAP，可以讓你保持專注，並爲即將到來的充滿壓力時刻做好準備。一天當中短暫空檔的休息和重置也是如此。但有時，當你面臨壓力和疲勞，負面念頭又開始堆積時，這些做法還不夠應付。你可能無法找到自己的意象，或觸發提示來避免肯定會隨之而來的自我質疑和負面的自我對話。你需要更強力的重置，也就是 SLAPP。

運用SLAPP重置

當你陷入負面念頭的循環，或是開始因爲沮喪或疲憊而快崩潰時，借助LAP往往不夠。因此，你必須增加兩個重要的額外步驟，這樣才能將注意力從破壞性念頭重置到採取建設性行動。SLAPP就像一記耳光，讓我們清醒過來，或是從一步步落入的絕望深淵中掙脫出來。但這裡，我們只是在LAP中增加兩個步驟，並不是眞的要賞一記耳光。關於SLAPP，意思是指在**找到**自己的提示之前，必須**停止**（Stop）正在做的事，然後呼吸。在某些情況下，停止是不可行的，例如：跑馬拉松或趕在緊迫的截止日期內完成任務，所以這時，你可以用「放慢」（Slow down）來代替「停止」。

一旦**停止**或**放慢**，你就能**找到**提示，然後**啓動**你的意象。接下來，不要立即**堅持**計畫，你可以插入另一個步驟：**擱置**（Park）不必要或無益的念頭，例如：「我做不到」「這不値得」「我應該現在就放棄」。這些威脅你成功的念頭，是鬱積在大腦邊緣系統部位深層的負面情緒引起的。爲了讓自己回到邏輯思考的大腦（前額葉皮層），你必須採取暫時性的抑制策略。請留意，我們並沒有說你必須停止那些不必要或無益的念頭。

後文會進一步說明這點。

SLAPP有助於你管理情緒，重置**當下**的心理狀態。它可以幫助你重新控制自己的念頭，進而將注意力重新聚焦在手邊的任務，這有助於你根據邏輯做出決定，並增強你將負面念頭轉變爲正面念頭的能力。最終結果，就是在壓力下仍然維持穩定的表現。

爲了能使用SLAPP，你首先必須覺察不必要或無益的闖入型念頭何時出現。舉例來說，如果因爲任務具挑戰性，失去動力，你可能會想到放棄，於是將注意力集中在停止會是什麼樣子。當這個念頭進入意識時，你正處在「選擇點」的懸崖邊緣：你可能會放棄，也可以繼續。

如果選擇繼續，你有可能很快就會經歷另一個「選擇點」，除非你已經透過SLAPP的循環進展到最後一個P，讓你重新連結到自己的目的，並堅持下去。

我們將這兩個額外步驟進一步解釋爲：停下來呼吸（或至少放慢下來傾聽自己的呼吸），以及擱置不必要或無益的念頭。

停下來呼吸

在SLAPP的停（或放慢）下來呼吸階段，透過深度的定心呼吸，內心順著氣息的流動感受它充滿肺部和離開身體時，你做出有意識的決定來中斷自己的思維模式。我們的個案經常會問：「應該用什麼樣的呼吸速率？」有意識呼吸的時間控制是一種個人喜好，並不是經過經驗測試的特定技巧。但忙得沒有空閒時，我們建議吸氣四秒，屏氣一秒，然後吐氣四秒。儘管研究顯示，這個方法有利於提升表現，不過呼吸的主要目的是將注意力焦點從外在事物轉爲內在控制，進而開啓思維重置的過程。

在呼吸之後，找到你的行爲提示，這已經進入LAP例行性動作的部分（比如網球中的旋轉球拍）。接下來，啓動你的意象。在學習掌握這個重置階段時，有必要刻意建構一個情緒的心錨，這種心錨會產生**動機**意象及渴望的行爲結果：持續努力。隨著你精進並適應自己使用意象的方式，啓動意象的過程就會加快，而且在你經歷「選擇點」時，變得更容易保持專注。

擱置不必要或無益的念頭

在輔導意象時，我們說的是「擱置」念頭，而不是「停止」思考它。爲什麼這很重要？我們做一個簡單的實驗來說明。

想像一隻粉紅色的大象。現在停止想牠。請當眞，完全不要去想這隻粉紅色的大象。就是**停止**，停止想牠，不要想了。

當我們告訴你不要想那隻粉紅色的大象時，你就停止了嗎？還是剛好相反？

人的大腦是會唱反調與違抗的。當告訴自己**不要**想某件事，大腦反而會經常去想這件事。對大腦說「停止」，只會導致它造反。喬安娜有位朋友談到不喜歡亂花錢的人，她說：「我要停止把錢花在不需要的東西上。」喬安娜覺得這個想法不切實際，因爲她的朋友已經很節儉了，竟然還提出更嚴格的財務計畫。下個星期一，喬安娜再次見到這位朋友。她告訴喬安娜在她們聊過之後的隔天，她就外出購物了，還把錢花在自己不需要的東西上。她做了正是自己說過不會做的事。

「妳能相信嗎？」她的朋友說。

「相信啊！」喬安娜帶著微笑說。然後她們一起放聲大笑。

太多的「不」「不要」「停止」，都會讓我們步上反抗之路。老實說，反抗才不是什麼個人自由，它就只是你做的事和別人要你做的事相反而已。（正在閱讀這本書的所有青少年，對不起了！）對於別人要求你做的事，大腦給出了這種自然反應，你要中止是很困難的。對有些人來說（包括本書的其中一位作者，但不宜說出名字），光是節食的念頭就能引發「匱乏」的恐懼，進而導致吃得更多。因此，要想中止這些念頭的循環，就需要一個策略。我們的建議是：擱置你的念頭（SLAPP中的額外**P**）。

與其告訴自己「別再這樣想了！」（你也知道，這會引發唱反調的反應），我們倒不如「擱置」不必要或無益的念頭。也就是說，我們讓念頭像一本書，把它放到書架上，過些時候再打開。我們**從來**沒有禁止自己去讀它，只不過留到下一次不會妨礙手邊任務時再讀。

拚命想止住念頭會消耗你的精力，但擱置念頭**讓你有能量**在當下展現自己的潛力，無論你是在激烈的網球比賽中、在董事會簡報，或者只是重拾專注力來閱讀本書。要釐清的一點就是，你不是告訴自己**不能**思考某個念頭，你只是說會把它擱著，等**過些時候**

比較適宜時再來思考。

面臨重大的挑戰時擱置念頭，能讓你專注於其他可以立即掌控的事——你的行為。

身高一九三公分的威爾，是能力過人的帆船運動員，他在長時間轉動曲柄（也就是轉動船上絞盤來調整風帆，感覺猶如在混凝土慢慢凝固時，快速攪拌它）操控帆船時，身體往往會感受到一陣陣的疼痛。這種疼痛是乳酸在威爾的手臂內堆積造成的，還擴散到他的肩膀、軀幹、臀部及雙腳。他打算忍受疼痛，他的說法就是：「學會享受地獄的生活。」他想成爲駕駛帆船的專家，而他需要設法掌控闖入型念頭；這些念頭往往告訴他放慢速度，更糟的是，要他停下來。在一次比賽過程中，威爾沒辦法就這麼停止轉動曲柄（這與他想做的相反），於是他改練習「放慢」。他放慢呼吸、調整姿勢（這是他的提示），然後啓動意象、擱置任何不必要或無益的念頭，堅持不懈地執行自己的計畫。他熬過疼痛，駕駛著帆船航行到目的地。

下次上場前，重新審視讓人分心的念頭

這裡有一點很重要：你之後眞的必須再回過頭思考那個曾分散你注意力的念頭。負面念頭也始終應當在事後重新審視。否則，它們有可能在沒有任何預警之下自發性地浮現，也許就在你開車或做飯時，而且很可能在你再度嘗試相同任務之前，阻礙有建設性的思考。無論是在化妝間、更衣室或辦公室，回顧爲什麼會出現分心念頭，以及萬一它們再次浮現該如何克服，總是有利於在未來避免它們出現。

以下是快速參考的要點重述：

每日練習：LAP

- **找到**提示。
- **啓動**意象。
- **堅持**計畫。

掙扎時刻：SLAPP

- **停止**（或放慢）。
- **找到**提示。
- **啓動**意象。
- **擱置**讓人分散注意力的念頭。
- **堅持**計畫。

SLAPP應用在軍隊、職場和考試

在軍事訓練使用SLAPP

爲了確定FIT心理重置對團隊的效果，強納森對英國陸軍進行研究。新兵最初要接受所謂的「震撼教育」，這是一項爲期四週的高強度體能耐力訓練課程，包括射擊術、九公尺繩索攀爬、限時突擊課，以及爲期多天的航海與生存練習。

如果新兵完成「震撼教育」，他們就可以參加爲期十一週的「英國皇家海軍陸戰隊突擊隊課程」，當中包含了類似的活動，最後則以六十一公里負重行軍結束，在行軍過程中，他們要背著二十五公斤重物，得在八小時內完成。這個課程是全球公認最具挑戰性的軍事訓練計畫之一。參訓者在結訓後得到的回報非比尋常：在職涯上擁有許多可能的發展途徑（在軍中和軍隊外），以及令人夢寐以求的綠色貝雷帽，這是象徵卓越的國際標誌。所有新兵都可以自願參加這個課程，中途也隨時都能退出。

詹姆斯是接受我們的SLAPP訓練的一名新兵，在反思時，他回憶起自己應用這項技巧的方式。

一開始，我對心理學抱持懷疑態度，因爲這是一項體能課程。我記得第一次試用SLAPP技巧是在一次跑步練習中。當時我跑到一半，整個人精疲力盡。大家和中士一直在談論如何使用一次定心呼吸來開始重置，以我的情況來說，我用的是吸氣四秒，從吸到吐平順地換氣，然後吐氣四秒。這喚起了我喝一小口水的記憶，接著我想像自己為什麼在這裡，以及贏得綠色貝雷帽對自己的人生和家庭又會帶來什麼意義。我花了幾秒鐘關注這個念頭，想像五年後的自己：身在何處、聲音、味道及感受。然後，我擱置不必要的念頭，像是放棄、小腿上讓我想停止的輕微疼痛；接著計畫現在：挺直腰桿，同時專注於自己的步幅。那天稍晚，我回想自己的負面念頭，然後告訴自己：我有熱情和能力繼續努力成為一名突擊隊員。

我們發現，受過FIT訓練的士兵更能突破自我，以及掌控自己認知的喋喋不休；與前兩年未接受FIT訓練的新兵相比，他們的成功率增加了四四％。不過，運用重置也有負面影響，因此我們每次都會想告知個案：要有策略性地運用重置。我們和退出課程的士兵面談時，有些人說他們使用SLAPP把自己逼得太緊、太快了。他們試著強迫自己超越現有的體能狀態，結果受傷，影響了他們的進步。（關於SLAPP的「黑暗面」，詳見後文。）

那些成為突擊隊員的人表示，課程一開始，他們很頻繁地使用SLAPP（一天大約十次）。帶隊士官告訴我們，士兵在經歷具有挑戰性的任務時，會出聲念出

SLAPP（經常是大聲喊出來），這變成了團隊的一種提示（借用其中一位隊長的話），讓大家「重置、複查、重新檢討及重啓」。不過到課程末尾時，他們使用SLAPP的次數急遽下降（大約一天一次），顯示出闖入型念頭不再那麼頻繁，或者不需要重置。

同樣的，SLAPP心理管理工具也適用於減重、商務、運動和教育，讓人在執行任務遇到「選擇點」時，可以管理自己的思維。SLAPP可以依據個人需求和可利用時間來調整——從轉移注意力的快速重置，到透過想像目的、意義和行動來進行多方面的詳細闡述，進而達到詳細的重置。

在職場使用SLAPP

當我們傳授企業高階主管在會議前或開會中，如何使用SLAPP控制緊張不安時，他們表示每天都在用，因爲看到立竿見影的效果。他們發現這個做法在其他領域也非常實用，所以在開車、困難的對談中、在高爾夫球場上打球不如己意時都會使用它。

無論何種情況，這些高階主管都會採用ＳＬＡＰＰ，透過正確提示，一再詳細闡述未來，擱置負面念頭，然後承諾事先計畫的行動，不管是理智的駕駛行為、感同身受的溝通，或是推桿時的情緒控制。這種重置過程提升了邏輯思考與主動積極的行動，而不是情緒反應和沒有建設性的行為。

瑪麗亞是一名行政助理，每天收到的信件，大概有八十封都可以提告了，當中有幾封用詞粗魯。她描述道：

擔任行政助理，我會收到很多電子郵件，這是職責的一部分。如果我有答案，就很容易回覆。但如果還在等其他人的答覆，比如經紀人，那我通常會回寄一封等待郵件，像是：「我會查明清楚，盡快回覆您。」討厭的地方是，我經常夾在兩個人中間：一個希望立即給回應，另一個卻沒有急迫感。許多人因為回覆時間或我堅持得到答覆，相當惱火，結果我首當其衝，得承受他們的怒氣。

當瑪麗亞收到「冒犯郵件」時，就會使用ＳＬＡＰＰ重置。她首先**停下來**進行定心呼吸，安靜地將雙手平放在桌上，這是她**找到**提示的方法，並將注意力集中於雙手。她**啟動**正面意象，通常想像躺在海灘上柔軟的白色毛巾上看書。她**擱置**負面念頭，往往把它們歸類為「不必要的電郵情緒」。然後，再次承諾提供友善的服務，而且**堅持不懈**，計畫接下來說什麼，並以專業的方式回應。

總經理和副總裁等高階主管描述，這個過程增強他們的自我覺察及自我控制，也因為它，提升了他們的信心與表現的穩定。一名擔任數百萬美元組織的總經理表示，SLAPP讓他「更清楚自己和團隊的角色……就在我意識到負面念頭的那一刻使用SLAPP，確實有助於我的健康，也如他們所說，幫助我『掌控可控因素』。」當意象變成一種習慣後，又出現一連串令人興奮的好處。我們的個案說，他們的睡眠品質獲得改善、壓力減輕，同時增進了個人與職業上的關係。

在考試使用SLAPP

在教育領域，我們輔導過十五至十八歲即將參加考試的學生。若年輕人沒有具體目標，對他們進行意象訓練就會很困難，因此我們一開始（如同經常做的那樣）先探討他們的目標及價值觀、思維模式和態度。有些學生認爲自己的職涯目標遙不可及，所以動機不足。比方說，一名學生想成爲律師，但最近的模擬考成績不高，於是將自己的夢想束之高閣。

我們時常在教育領域看到「迅速放棄」的行爲，一、兩次考試成績不佳，就讓學生的學習動機從全力以赴轉變成完全喪失。雖然有些老師會幫助學生對抗因幾次糟糕成績而產生的消極信念，但有些老師不會。因此，我們在教育界開展 FIT 時，一開始是先探討學生的目標和動機，確保每位學生都有一個目標，以及清楚知道與自己目標連結的意義和目的。在這個基礎上，學生練習一週的 LAP，然後將他們的意象技巧進階到 SLAPP。特別一提，我們把最後的 **P** 從「堅持」（Persevere）改爲「執行」（**Perform**），才能符合坐下來參加考試的情況。

運用 SLAPP，我們教學生如何在考試中進行重置。它的方法如下：

- **停下來呼吸**。感覺氣息進入與離開你的身體。

- **找到你的提示**。放下筆幾秒鐘。
- **啓動你的意象**。回想你回答類似問題時的場景。你身在何處？記得聲音、觸感嗎？你看見什麼？試著重現當時的情景和感受。速記你能回想起的東西，然後想像你現在能做什麼來回答這個問題。
- **擱置不必要或無益的念頭**。將它們束之高閣，直到考試結束，或者可以重新檢視的時候。
- **執行**。拿起筆，開始作答。

我們從學生身上學到很多。安妮對英文模擬考裡的長篇閱讀測驗作答很吃力，於是調整SLAPP，發展出自己的版本。她立刻留意到觸發問題的原因：她讀到題目時，腦袋就會一片空白，心跳加快，手心開始冒汗，瞬間覺得自己失控。

安妮嘗試了SLAPP的「停下來呼吸」部分，但很快就發現自己比較喜歡進行身體掃描。她將注意力集中於雙腳，把它們平放在地板上。她在椅子上坐直身子，這是她啓動意象的提示。安妮想像自己坐在當初上課的教室，然後在腦海中勾勒出教室的輪廓，包括牆上的海報及文學巨匠的名言。她想像自己可能曾經回答過類似的問題。這種回想過程使安妮能更有效地計畫，並消除因狀況所衍生的壓力和恐懼等情緒。畢竟，這只是在教室裡的又一天。安妮提醒自己暫時擱置任何不必要的念頭，並專注於感受當下。接著，她寫下自己打算如何回答，藉此來擬要解決的題目。你也可以像安妮那樣，透過調整、發展最適合自己的方法，進而創建你個人版的SLAPP過程。

事實上，根據自己需要修改SLAPP的人，不是只有安妮。每個學生使用這個過程的方式不同。有人像安妮一樣，會在腦海中重現他們最初學習的教室，有些學生則會播放他們在自己臥房回答問題的影片，或是想像當天稍晚與家人或朋友討論考試內容。對大多數學生來說，啓動意象的過程很快，雖然持續只有幾秒鐘，卻可以讓他們重新調整心態，防止災難化的念頭，減少考試焦慮，同時提高成績。

我們的研究包括抽樣調查三所學校的一百二十二名參與者，得到的結論是，接受意象訓練的學生考試成績比其他組學生平均高出約〇．四分。①儘管看起來不多，但對學生來說，這樣的成績差異顯著。這會讓那些成績在C邊緣的學生，現在可以達到B。

SLAPP是LAP的擴充。你必須先每天使用LAP，才能獲得重置的好處。我們通常在教授 LAP 至少兩週後才教 SLAPP 過程；到這時，我們個案的回饋是，意象練習已經成爲他們的日常習慣。LAP 過程是以正規方式進行規畫，而 SLAPP 則是讓你自己來調整重置方法，直到適合爲止。

SLAPP的黑暗面

我們在運動、商務及軍隊領域的數據顯示，使用 SLAPP 的人會提升他們的韌性和毅力程度，繼續實現目標，然後設定新的目標。不過，使用 SLAPP 並非一直都是適合每種狀況的最佳選擇。

毅力、堅持到底和努力不懈是令人欽佩的特質，但它們也有黑暗的一面。太有韌性、過於堅忍不拔與專注目標，都可能有害無益，因此知道何時放手很重要。舉例來說，長距離跑步時，時有時無的不舒服是很正常的，可是當痛苦變成持續性時，將專注力從疼痛轉移到提示，啓動你的意象，擱置念頭，然後繼續跑步，可能不是正確的選擇，尤其是你快要受傷或已經受傷了。在這種時候，你必須「傾聽」自己的身體，同時接受它的極限。

爲了防止在實現目標的過程中出現潛在的自我毀滅行爲，我們建議個人只有在迫切需要重置自己思維時才使用 SLAPP。我們與超馬運動員的研究發現，他們要跑了幾小時後才需要重置，然後在做最後衝刺抵達終點線前，就會頻繁使用這個方法，並取得優異的成功。

重新調整

當你因爲煩惱、壓力、焦慮、沮喪而感到失去平衡時，我們知道這是你無論如何都該喘口氣的訊號。這也可能是你應當放手的徵兆。了解其中的區別至關重要。爲了確定走哪條路，需要花點時間重新調整。重新調整的意思是，重新評估你的目標，因爲它關係到你的目的和價值觀。如果你判斷目標與眞實的自己不一致，那可以依照自己的意願放手。做出重新調整的判斷不是在「選擇點」，它更像是在「目的點」——一個深刻內省與邏輯論斷的緩慢過程。有些人放棄，是因爲再也看不到追求任務的價值。也許他們一開始全心投入，但時間一久，他們的優先事項改變了，價值觀和目的感也跟著變化。

爲了避免不小心爲過時目標付出，引發倦怠，你可以在行事曆上增加定期（例如每月）重新調整，並利用這個時間重新評估自己的價值觀和目的。看看你最初的目標是否仍然與自己有關。你不一定要安排這樣的檢討，但在做出回應之前，一定要持續覺察自己的內心反應。如果你留意到觸發問題的原因，例如：持續焦慮、未癒的疾病、承諾和動機降低。它們可能就是該重新調整的徵兆。在這些時刻，好好反思你的價值觀、目的、目標的意義，並重新建立你對目標的承諾程度。

三十六歲的琳達幾乎用了一生的努力才達到現在的地位：一所大型州立學校的數學系主任。她有工作保障、穩定收入、幸福家庭、積極主動的員工，以及自己追求的自主權。她從十六歲就開始踏上實現這個目標的旅程。她的職涯顧問建議她應該選擇的課程，她也努力不懈地讓夢想成眞。在大學時，她很喜愛自己著手展開的道路，同時結交了一輩子的朋友，至今仍保持聯繫。

然而，在實現夢想後，琳達竟然決定不再繼續教書。她說：「這不是一夕之間的決定。這是醞釀一段時間才沸騰起來的感覺。我內心深處有一個『不一樣的我』的念頭——這個我想換一種方式過生活。我想，現在的我和青少年期的我是不一樣的。現在的人不像以前那樣，從出社會到退休都只做一種工作。像我母親從事金融工作，第一份工作在金融業，退休也在金融業。時代變了。我可以做很多種職業，也能依照當前的目標自我轉型。」

琳達知道自己得做一個重要決定。她要越過「放手點」的魯比孔河嗎？她做了任何有經驗的老師都會做的事：在白板上列出利弊清單。接著，她與家人商量，然後決定實施自己的計畫。她首先把上課時數減少到兼課時數，這樣她還能累積工作經驗。她的新目標是成爲運動教練，於是跟隨好友黛比見習，在一年後取得資格。兩年後的現在，琳達已是全職運動教練，她說：

這絕對是正確的決定。我是依理智做出這個決定，明白其中的利弊。我知道別的職涯未必比自己現在的好，所以制定計畫來降低自己的期望值，像是可以分階段進行，比如在自己當老闆之前先爲別人工作。創建品牌、建置網站、尋找營運總部、再去招募人員，學習起來眞的不容易。但這是值得的，因爲我關心自己和他人的健康，也想保持健美體態。這是我熱衷的事。我會對任何有這種感覺的人說：那種想停下來或重新調整聚焦點的感覺，你懂的，就去做吧！但它一定要適合現在的你及你想成爲的人。

更高層次

由於你已經有機會練習駕馭「選擇點」，並自己做重置了，我們還會傳授你如何利用這項技巧與別人合作，實現共同目標。

我們知道當兩個或更多人一起想像、一起爲目標努力、一起使用 LAP 和 SLAPP 時，創造力就會出現，也會激發熱情，有目的、有意義的改變就會產生。正因如此，我們開發了一個模型，將意象訓練和它釋放的神奇魔力，從個人擴展到群體。在前六章中，你的注意力集中在自己腦袋的聲音。現在，該關注你大腦之外的聲音了——也就是你的團隊和社群的聲音。現在不僅僅要增強你自己，還要擴大你對世界的影響力。

PART 3

超越

第7章
應用於團隊的意象訓練

當成員相互信任，可以爲了「大我」捨「小我」時，A級團隊就會變成A+級團隊。

——菲爾・傑克森，美國NBA最強總教頭

數位時代使你我的聯繫更爲緊密，但也比過往更疏離。在現今的世界，要想解決我們面臨的全球性挑戰，促進各個領域的人與人之間的聯繫不僅必要，更刻不容緩。

FIT除了應用在個人表現，還可以用來建立團體中的聯繫、合作及創新。要在團體裡應用意象比較困難，因爲它的前提是團體必須培養同步性、明確度與當責。要達到這一點，團體得定義他們的**團隊優勢**，也就是當他們爲共同目標努力時，是什麼讓他們變得獨一無二——並在他們發展詳盡的意象過程中琢磨這個定義，才能制定最後付諸行動的計畫和意圖。

在團隊使用意象時，就和個人的意象過程一樣，需要推翻人類大腦的「現狀」預設模式，這必須超越舊有的做事方式，更深入探究來建立共同的目標、價值觀和目的，以及這三者會在集體文化中影響每個人執行任務的方式。

FIT原本是爲了輔導者與個案一對一合作而設計的。如果你是輔導企業客戶的教練或治療師（或者如果你有過這樣的經驗），就會曉得輔導團隊和個人有多麼不同。強納森第一次爲了團隊改編FIT時，並沒有採取學術研究的常見做法，與一群大學生或研究生一起進行。他當時轉換到輔導團隊的合作對象是一支長期連敗的英國足球隊，球隊還有一個頑固、講究數據的教練布萊恩。

布萊恩打電話給強納森時，他的球隊已經連輸了七場比賽。士氣低落，教練已經用盡所有傳統戰術來讓球員克服心理障礙，應對失敗，中止連敗。這個問題似乎根源於心理或情緒層面，因爲球隊在技巧和戰術上都非常出色——他們有能力贏得比賽，但球員彼此不同步。

布萊恩選定了要和強納森見面的地方——一家燈光昏暗的咖啡廳。它不是那種時髦、喧鬧的咖啡廳，而是很老派、古板，整間散發著烤焦吐司和濃重咖啡豆的氣味。強納森那天早上還在谷歌搜尋布萊恩，仍然差點認不出他，不過最後還是在後面的角落找到他。布萊恩穿著 **Hugo Boss** 的馬球衫和牛仔褲，歪戴的帽子遮住部分臉，一副他是臥底情報員的樣子。

他們開始交談時，布萊恩的口氣很不客氣，訊息很明確、開門見山。他說：「除非交出成績，否則我不會付你半毛錢。這個賽季結束前，如果你能幫我們晉級，我一定會酬謝你的。」

大部分被沉重論文壓得喘不過氣的年輕研究生會說：「謝謝，但不用了。」不過，認識強納森的人都知道他喜歡挑戰。

強納森喝了一小口咖啡，停頓了好長一段時間，控制住自己的心跳，然後說：「好喔，聽起來很不錯。這可以放在我論文的一個章節。我什麼時候可以開始？」

強納森隔天就開始了。

那個賽季，強納森針對球隊需求講授了十九堂客製化課程。他主要著重在探討他們的價值觀和願景，以及管理壓力和奮發的方式。他還幫助隊員建立個人的身分認同，同時增強他們在團隊中的歸屬感。這些課程是一項更廣大計畫的一部分，用意在改善溝通，也讓球員留下值得自豪的傳承。此外，他還花八十二個小時輔導個別或小組（不超過四人）球員，傳授意象與開發共同的提示，用來激盪出交流的火花，並在充滿挑戰的時刻加把勁。

歷時近兩小時的首次團體授課後，球隊連續贏得十四場比賽的不敗戰績，在聯賽中排名前三。結果，球隊晉級了。強納森成為該球隊的研究總監。

強納森並沒有把球隊的成功歸功於自己。他沒有選擇球隊，沒有參與比賽戰術，也沒有踏上球場半步。球員和教練都很努力，布萊恩是很樂於學習新方法來重新想像角色、溝通、戰術和團隊合作的領導者。

球隊改變了自己的文化。儘管感到不安，但他們還是創造了具有感染力的致勝態度，挑戰自己的信念，並按照所學來行動。當遇到障礙時，他們會使用意象來尋找解決方案，包括想像對手會怎麼做、如何發揮自己的優勢、制定戰術，以及在壓力下重整旗鼓和重置的方式。他們會實驗並找到互相溝通和理解的新方法。他們非常有創意，感覺自己有自主權，也與彼此聯繫在一起。擁有共同目標和一起合作使用意象，變成他們團隊的優勢。

自從與這支足球隊合作以來，我們改編了ＦＩＴ，應用在其他運動代表隊、軍隊、學生、教師和企業團隊。但不是每次都順利無阻。我們對個人使用ＦＩＴ時，輔導師與個案之間建立融洽關係通常是一件簡單的事。我們可以和個人一起面對面坐下來，進行多次充分的對話，檢視他們的價值觀、思維模式和態度，然後幫忙引導他們專注於特定的個人目標，這是我們開始訓練他們意象之前的必要工作。可是當一個輔導者同時與五人、一百人以上合作時，這個過程就會變得相當有難度。不光因爲一對一的時間變少，時間限制也較多，還有每位參與者都有自己的個性和意象能力，再加上每個人在提升自己意象技能上付出的努力程度也不同。由於這些原因，儘管針對團隊與個人的ＦＩＴ的基本架構相同，但要達到團隊重置和克服團隊「選擇點」的過程不同。

我們已經將個人版的ＦＩＴ法（也就是加入意象的動機式晤談，個人可以用這個方法校準自己的核心價值觀，並利用它們來建立具體目標）改編成團隊版（我們簡稱爲

【圖表7-1】

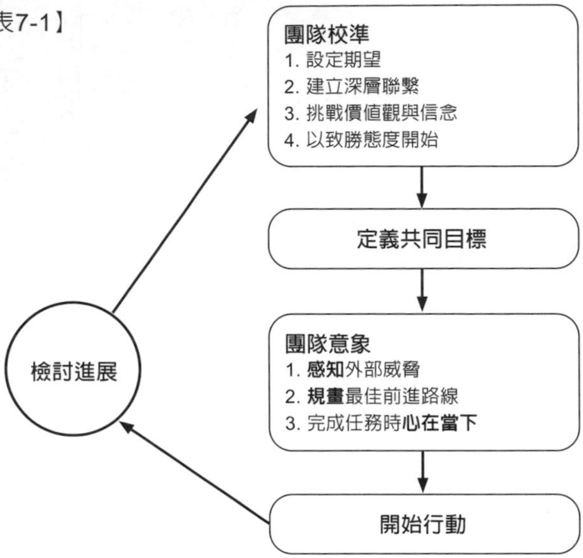

AIM的「激發動機的應用意象」）。①

LAP和SLAPP是針對個人的技巧，它的成效是能用實現目標的念頭取代闖入型念頭，至於AIM的總體目標是在**開始任務之前**，就要處在「選擇點」正確的那一邊。爲了做到這點，我們使用團隊意象進行詳細的規畫。

我們在團隊中使用AIM的成功率，與對個人使用FIT的成功率相同。將AIM模型與在團隊中單獨使用動機式晤談進行比較時，我們發現，在改善運動表現和健康有關的成果（如堅持鍛鍊）方面，AIM對於促進持久行爲改變的效果高出了四至五倍。② AIM對我們來說是獨一無二的，我們還做了改良，讓它可以適用於軍隊到教育等多個領域的團隊。無論我們以何種方式傳授，基本原則和流程都是相同的。

對於團隊，共同目標永遠都是核心重點，意象就是喚起動機和承諾的方法。AIM的運作分爲五個部分：團隊校準、定義共同目標、團隊意象、開始行動、檢討進展。

【圖表7-1】說明了這些步驟。團隊完成這一整個過程後，通常會因人員異動或目標改變而需要完成另一個過程。這種「洗牌和重複」的循環會一直持續到團隊得到以下兩種結果中的一個：因爲認清最初目標無法實現而重新定義共同目標，不然就是實現目標。

第一部分：團隊校準

我們絕對不能急於制定一個共同目標，而是必須先打下堅實的基礎，然後在這個基礎上發展，也需要探究動機。我們稱它爲「團隊校準」。這是一個緊鑼密鼓的過程，尤其是對遠大、長期的組織目標，跳過這個過程相當於想用一百萬副撲克牌建造一棟摩天大樓。

幫助團隊建立共同目標之前，我們會在四場不同的研討會上與團隊分別探討四個基本要素：

一、**設定期望**，進而創造環境和概略列出團隊需求。
二、**建立深層聯繫**，增強溝通和歸屬感。
三、**挑戰價值觀和信念**，有助於團隊透過定義自己的獨特個性來加深連結。
四、**以致勝態度開始**，這能提高成員互動的覺察力與動機。

基本要素一：設定期望

人類是社會性動物，我們試圖了解周遭世界並融入其中。明確的期望創造了社會規範，這是高功能團體的重要構成元素；社會規範又創造了安全感。像喬安娜就讀的紐約大學的社工課程，在第一天就教學生與團體合作時要事先溝通規則。這爲之後發生的一切奠定了基礎。以下舉例說明適用於任何團體或團隊的五個基本規則：（一）我們準時開始。（二）我們在團隊裡說的話全不可外流。（三）一次一人發言。（四）我們尊重不同觀點。（五）我們共同承擔責任，確保團隊運作良好。

從婚姻到開創新事業，如果你在開始時沒有設定明確期望，就更有可能在溝通和衝突中掙扎。如果你和隊友出席同一個會議，但你的期望比周遭的人高或低，就會覺得沮喪。絕對不要**假設**每個人的意見都和你一致。還要認清，你出席的方式決定了別人對你的期望。小細節很重要；從你的穿著到說的笑話，都會引起期望。要特別注意你給別人的第一印象。第一印象會持續很長時間，因爲它們是最先被保存在意象庫的事，而意象庫又會生成未來會議會如何進行的情景。

基本要素二：建立深層聯繫

你參加過團隊建立活動嗎？你知道的，就是那種進行破冰遊戲、分小組，然後由主持人帶領做一些可以讓你和組員凝聚在一起的練習？我們剛開始將ＦＩＴ模型應用到團隊時，我們就是這個主持人——運用價值觀任務、團隊建立練習和遊戲來培養凝聚力。

但我們發現，比起用最初的FIT模型讓個人參與有意義的對話，這些策略用在團隊沒那麼有效。我們帶領的一些團隊建立練習，尤其是對企業團隊和教育領域，未能建立起任何持久的融洽關係。

舉例來說，我們曾做過以下的練習：各團隊必須帶著特定物品穿越一條假想的河、建造最高的義大麵塔，頂端還要放一顆棉花糖、引導蒙住雙眼的隊友通過迷宮。這些練習改善了各團隊之間爲了完成手邊任務所進行的溝通，可是他們的默契不足。他們建立的只是我們所說的「粗淺連結」。

我們接著會做另一項練習，讓參與者兩人一組進行分享，目的是從粗淺到有意義，加深聯繫的層次。我們要求各組討論他們的共通點（比如都有養狗），但奇怪的是，這個任務不大可能讓組員分享自己的信念。只有存在有意義的聯繫時，共同的意象過程才會發揮作用。所以，我們改變了自己的方法。

作家丹尼爾．科伊爾（Daniel Coyle），是運動和商業組織的績效顧問，他將建立有意義聯繫的過程稱爲「脆弱循環」。參與建立聯繫的每個人（包括輔導者）必須分享一些透露一定程度脆弱的事。「脆弱循環」建立了坦誠，而這種坦誠會形成深層聯繫。

喬安娜到邁阿密中央高中義務演講時，對於脆弱在團體中建立信任的力量有新的體認。她原本預期只是一次性的活動，結果變成長達四年的旅程。

二○○八年，中央高中是邁阿密最差的學校之一。佛羅里達州對該校的評分一直是不及格，也提出要關閉學校的警告。學生覺得遭忽視，夢想也被推遲。他們根據看到的周遭情況認爲，成爲明星足球員是擺脫貧窮僅有的途徑之一。

喬安娜一靠近學校就感受到緊張氣氛。帶有不祥預感的有刺鐵絲網圍籬包圍著學校，它看起來更像是一座監獄，而不是一所高中。邀請喬安娜去中央高中的，是爲問題青少年提供諮商等服務的非營利組織「邁阿密總機」（Switchboard of Miami），她也是該組織的志工。喬安娜以LGBTQ學生團體的演講嘉賓身分拜訪這所高中。邁阿密總機的專員喬迪．鄧普西（Jody Dempsey）在警衛室迎接喬安娜，並帶著她穿越灰藍色的陰暗走廊。鐘聲響起，大批學生湧入走廊、互相叫囂，儘管警衛對著他們大喊保持安靜

這與喬安娜在私立天主教預備學校的高中生活大相逕庭。喬安娜懷疑自己除了同性戀之外，和即將聽她演講的孩子有什麼共通點，而且同性戀身分恐怕也不足以跨越種族和階級的界線。

喬安娜急切地想離開喧鬧的走廊，終於抵達教室讓她鬆了一口氣。可是當她打開門時，找到避難所的希望頓時破滅。對於要在親密聚會分享個人故事的學生，這間陰冷的教室實在太大了，還彌漫著一股霉味，天花板也因年久未處理的漏水龜裂，看起來隨時可能塌陷。

喬迪分發出席表時，喬安娜透過專注呼吸抑制住想逃回車裡的渴望。喬迪介紹喬安娜是他們新任的小組長時，她的心情更忐忑了。她告訴過喬迪會認眞考慮管理這個小組，但根本還沒承諾。她原本預計只會發表一場演講，而不是眞的要帶領研討會。喬安娜害怕極了。唯一能讓她不顯露出不安的事就是恐懼：她覺得那些孩子一旦感受到她的脆弱，就會把她生吞活剝了。

喬安娜強迫自己開始說話。她對學生說自己是同性戀，已有伴侶和兩個兒子。她還告訴他們，向自己、朋友及家人出櫃時遭遇到的困難。喬安娜不是讓自己安全地躲藏起來，反而是對學生展現坦誠和脆弱。學生傾聽她的演說，也產生共鳴。喬迪問大家有沒有問題時，第一個問題來自後排的一位女學生。

「妳是純同性戀，還是雙女同志？」

喬安娜聽不懂她說的意思。學生解釋：純同性戀是指純粹的、百分之百的同性戀，雙女同志就是雙性戀。

喬安娜說：「我不知道。我還沒去驗血耶。」全班哄堂大笑，喬安娜隨即感覺沒這麼緊張了。她以這個問題爲契機，談論貼標籤的事，並詢問爲什麼我們覺得有必要對別人貼標籤。接下來的幾週，喬安娜繼續拜訪中央高中，並在那個小組中與令人感動、堅毅的學生分享。他們共同打破刻板印象，在同學之間建立了信心。

一致性和結構性，對建立信任和深層聯繫至關重要。喬安娜早先提出的一個期望是，只有拿球的學生才能發言。由於看到喬安娜都是拿著海灘球在校園四處走動，警衛和老師以爲她是體育老師。喬安娜從未糾正他們的猜想，這樣對她和那群學生來說更安全。儘管匿名，但還是有幾名學生在往返小組會議所在的教室途中被毆打。

兩年內，這個小組的規模成長了一倍多，從二十人增加到近五十人。小組的名稱也從「性別少數團體」（邁阿密總機取的）改爲「堅強的青少年」（學生選的）。這是一個安全和相互扶持的空間。

艾絲翠拉加入這個團體時，十分孤僻與沉默。她來小組時，戴著太陽眼鏡、帽子反戴。有整整一星期，她都坐在離其他人遠遠的位置，椅子還朝門口。喬安娜讓她繼續保持沉默和疏離，相信總有一天她會覺得夠安全，然後說出自己的故事。艾絲翠拉後來眞的說出來時，教室裡的每個人眼眶都濕了，她也成了受到其他學生欽佩的領袖。漸漸的，她展露出很無厘頭的幽默感，這爲整個團體增添一股自在感。她的脆弱，讓其他人也願意展露脆弱。無論我們的合作對象是高中生、軍隊、運動代表隊或企業團隊，儘管活動有所不同，但「培養深層聯繫」這項最終目標是一樣的。在各種環境中，脆弱建立了深層聯繫。

喬安娜輔導學生時，這種深層聯繫花了幾個月時間才培養起來。在輔導軍隊、運動代表隊或組織時，我們通常沒有充裕的時間。在這些團體中，我們請成員說出他們最喜歡的卡拉OK歌曲，並在團體面前唱一句（有些人熱情地唱了不止一句）。我們聽到最受歡迎的歌曲，從第三名到第一名依序爲綠洲合唱團的〈奇蹟之牆〉、邦喬飛樂團的〈活在祈禱中〉，以及旅行者合唱團的〈不停的相信〉。當然，起初有些人並沒有特定的卡拉OK歌曲，但可以肯定的是，他們在任務結束時都會有。唱一句你最喜歡的卡拉OK歌曲，與描述你最私人、最親密和有時最痛苦難忘的經歷是不同的，但它確實讓你感受到脆弱，而脆弱才是重點。

脆弱任務培養了深層聯繫，當人與人之間建立深層聯繫時，就更有可能互相尋求幫助。我們與士兵進行卡拉OK活動後，訓練士官表示部隊的士兵向同袍請教更多學習方面的問題，而在此之前，他們從未對艱鉅任務溝通過。士兵開始對有挑戰性的任務尋求幫助，比如學習如何在黑暗中航行、如何帶著沉重的裝備游泳、如何在密集的操練後恢復體力，以及如何管理壓力。這些交談增加了「脆弱循環」（你分享，我就分享），進而改善溝通，也促進了表現上的成功。

脆弱是公開坦誠的自我暴露，可以透過與周遭的人分享超出自己舒適圈的事情來培養這種感覺。這種「事情」可以很簡單，比方說，描述你沒應徵上工作之類未能實現有意義目標的經歷。在這個初始階段，大家可以閒聊，但更重要的是，它爲團體成員鋪路，讓他們有足夠的**安全感**，可以分享實際可行（與崇高）的目標，討論障礙與掙扎，以及培養友誼。安全的環境爲建立有韌性、高績效的文化奠定了基礎。

深層聯繫有助於團體成員之間發展休戚與共的感覺，而定義並依循團隊與組織的價值觀，可以促進團體認同感和歸屬感。

基本要素三：挑戰價值觀與信念

一旦完成在團體中建立聯繫和設定期望的基礎工作，你就可以開始探索及挑戰價值觀與信念。要確立這些價值觀和信念，我們可以執行價值觀任務，比如動機式晤談創始人威廉·米勒和同事設計的任務。團隊以五人至十人分組後，我們提供每個小組和本書第2章相同的八十三個價值觀清單。每個小組根據他們的喜好，將這些價值觀平均分為三欄：對我們來說非常重要、有點重要和不重要。

在第2章中，你使用類似方法確定了個人價值觀。在小組中完成這項練習時，個人與小組的其他成員討論每個價值觀的重要性，直到小組最終決定各個價值觀在各欄中的位置。在討論過程中，可以發掘小組成員對自己努力證明的價值觀所抱持的信念。如果有位成員認為某個價值觀很重要，大家很可能會為之爭論，如果不重要，他們就不會。一旦每個小組將八十三個價值觀全都分配到各欄，下一個任務就是排出前十和後十名的價值觀，並與其他小組分享他們的價值觀清單。

有一次，我們輔導四十七名企業高階主管時，將他們分成十個小組，每組大約五人，然後請他們完成價值觀任務。接著，我們請每個小組說出他們排名前十的價值觀。我們總能發現小組之間的相似處，比如家庭和健康，但我們更感興趣的是整個團隊能付諸行動的價值觀。舉例來說，如果小組的價值觀是健康，我們會詢問成員在團隊合作時，他們如何過著健康的生活方式，比如吃營養的午餐或上班前運動。藉由討論將價值觀付諸行動的重要性，以及不按照小組確立的價值觀行事的後果，我們就可以開始找到小組成員在日常行動中未能體現團隊價值觀的所有衝突。

一旦意識到這些不一致，小組成員往往會開始培養支持彼此的方法，努力實現價值觀或行爲的一致。當這些小組開始找出價值觀與行動之間的落差，並討論可以在哪些方面做出集體改變時，他們就建立了團隊關係。此時，團隊成員會制定共同的激勵方式，鼓勵價值觀與行動的一致。

在組織內與個別的小組（如市場行銷、營運、業務等）進行價值觀任務時，我們聚焦於兩個方面：**共同價值觀**（各個小組共有的價值觀）和**獨特價值觀**（小組內的成員共有、但非全體共同的價值觀）。首先，我們要意識到共同和獨特價值觀，然後把焦點放在將價值觀融入行動中，這有助於整個組織建立獨特個性（每一位員工如何將所有價值

【圖表7-2】

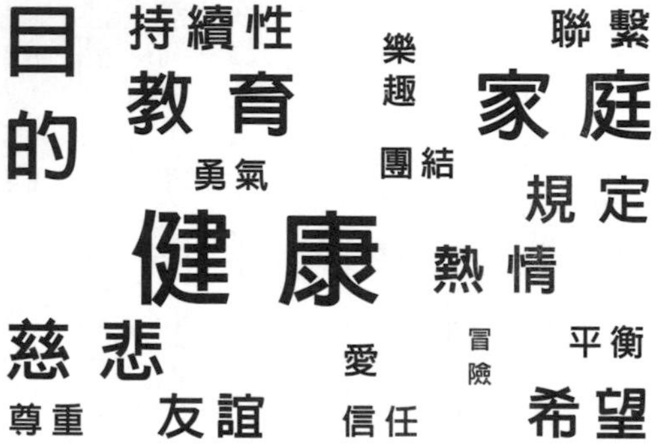

觀付諸行動）。知道小組成員之間的相似之處是第一步。其次是確定小組有何獨特之處——是什麼讓這個小組的成員彼此覺得特別？

在每次團隊課程尾聲，我們會將所有小組的價值觀匯總成一個列表，形成類似【圖表7-2】的字團。字體愈大，表示該價值觀在各小組的重要性愈高。

在【圖表7-2】的例子中，健康是所有小組的共同價值觀，因此也是他們遍及整個組織的聯繫。平衡和冒險這兩個獨特價值以小字體顯示，說明了特定小組成員彼此之間的獨特聯繫。

重要的是，每個小組都有獨特個性，或者他們如何運用自己的價值觀執行日常任務。雖然每個小組的獨特個性對其成員來說是特有的，但應該納入與公司使命一致的組織價值觀中。

一家公司的使命通常是賣服務或產品，但使命也能更細緻入微。連鎖餐廳 Sweetgreen 在每家分店張貼了它的核心價值觀，讓每位員工和顧客都看得到。標牌上寫著：「贏、贏、贏——創造顧客、社區、公司三贏的解決方案；永續思考；做出比你的生命存續更長遠的決定；始終眞實；建立可信賴的食物與關係；增添甜蜜接觸，每天創造有意義的聯繫；發揮影響力；讓人離開時都發現自己變得更好；享受甜蜜人生，讚揚你的熱情與目標。」他們提供的食物和餐廳設計體現了他們的價值觀。

組織內的個人和團隊試圖與組織文化建立聯繫，又要找到他們獨特的個性。價值觀塑造了個人如何感知現實及想像未來，進而影響他們行爲的方式。因此，價值觀形塑了信念。Sweetgreen 的理想使命是組織希望員工如何思考（例如：永續性）及行爲（例如：顧客至上）。價值觀和信念奠定了基礎，所以當有人加入這家公司時，他們已經知道公司文化。舉例來說，如果公司無法證明永續性，那麼將信念（你想像的期望）與現實情況（第一天發生的事情）融合可能會導致脫節。

公司內的大多數團隊都知道需要建立以價值觀爲本的獨特個性，並將它與組織使命和目標相結合。挑戰很高的部分是每年要抽出時間完成價值觀練習。團隊成員可能異動，目標或許改變，價值觀也許還會過時。對於不斷演變的價值觀抱持靈活開放的態度，以及堅持對當前的價值觀投入時間，才是優秀公司的卓越之處。

我們的個案傑米．羅森伯格是 ClassWallet 的執行長，該公司是爲全美 K－12 學區提供服務的創新支出管理平台。ClassWallet 團隊賦予自己的使命是：開發創新（共同價值觀）技術，以及逐層推動無紙化解決方案，提升永續性（共同價值觀）。感謝則是他們的獨特價值觀。如同我們在第 4 章描述的，爲了將感謝化爲行動，並使其成爲公司獨特個性的一部分，該組織詢問所有同仁是否希望每週舉行一次感謝會議，討論一次成功（通常是某個人克服了挑戰）和一件令他們感激的事（例如：團隊成員的支持）。他們做到了。這種每週一次的電話會議在每週五舉行（一致的行動），自公司成立以來，它一直是公司文化的核心。在這種情況下，組織價值觀與團隊價值觀眞正融爲一體，進而形成一種期望和信念：公司如何與爲什麼在乎表達感謝的重要性。個人、團隊與公司的價值觀結合在一起，形成一致的組織文化，期望和信念就促成了行動。

基本要素四：以致勝態度開始

你是否曾在一個團隊裡，合作的事情進展順利，還感覺眞正受到重視？也許是你年少時參加的運動代表隊、爲解決挑戰重重的問題而工作的組織、在度假時玩的家庭遊戲。回想一下這個團隊，想想當時的感覺。那是什麼樣的文化？奇怪的是，你們可能沒有圍在桌邊完成價値觀認同任務，或是討論角色的釐清。比較有可能的是，你們只是「相互了解」，然後像拼圖一樣，將事情拼湊起來。思考一下團體對目標與彼此的態度（積極性和活力）。積極的態度具有感染力且極其重要，因爲無論是身爲個人或團隊成員，它都能激勵我們。

現在，我們來想一個不同的團隊——你不喜歡待的團隊，在那裡合作的事情進展並不順利；事實上，某個（或某幾個）人的態度很惡劣。也許他們心情低落、不想參與任務，或者他們總認爲每個解決方案都有問題。這種惡劣的態度對團隊和你有何影響？再說一次，態度可以具有感染力，能影響任一方的動機和表現。

每個人都有態度不佳的時候，在生活中也都有不順遂的時期。或許有時，你的看法很消極，心情很低落。這沒有關係，（偶爾）也是可以接受的。藉由建立一種人人都能理解的**通用語言**，爲這些紛擾的時刻做準備。

通用語言可以是言語或非言語的，是每個人都能表達自己當下對挑戰性任務的態度的一種方式。它可以是表明態度的觸發字詞、說明感受的情緒圖表，或是暗示積極性或消極性的手勢。通用語言能避免團隊受到不良態度的感染，增加團隊的理解和聯繫，同時支持成員找到他們的動機。

在體育運動中，當一支球隊開始輸球時，我們常會看到態度的變化，因此教練會使用通用的態度語言，比如告訴球員「放鬆及重新定位」，意思是「控制你的情緒，從戰術上查看你在賽場上的位置」。有時，人們會用顏色形容自己的心理狀態，比方說「我感覺很藍色」，意思是他們的心情沮喪。我們輔導想減重的個案時，他們可能會插入情緒圖表中的一個表情符號，像是這樣：☺。單純討論團隊成員對於即將來臨的挑戰性任務的態度，也是設定集體期望的一種方式。

我們請一所高中的高年級領導團隊對他們參與任務（比如會議）的態度，從一（最差態度）到十（最佳態度）進行評分。在任務結束時，他們對任務要付出的努力再從一

（不努力）到十（全力以赴）進行評分。團隊發現，僅僅聚焦在態度這個行爲就讓他們變得更加樂觀，這讓他們對任務的評分很高。此外，每個學生完成任務之後的付出程度都更高。領導團隊發現，態度任務非常有益，因此爲全校制定「態度決定一切」計畫，校內老師使用了通用語言，要求學生在開始上課前「檢視態度」。

正確的態度會讓你在起跑線上充滿活力與熱情。跨過起跑線後要做什麼，取決於你們目的與共同目標的重要性。有了這些基礎，我們就可以開始團隊的目標設定過程。

第二部分：定義共同目標

接下來，團隊一起大致確定一個共同目標，並討論他們的目的和意義，而且必須是與團隊價值觀一致的目的和意義。此時，我們不教授意象，只是請團隊討論目標與證明爲什麼該目標很重要。

共同的團隊目標通常是長期的（一年以上），涉及範圍可能從提高技術能力到實現碳中和、贏得錦標賽、找到擴大或提升組織的贊助商或投資者。

許多組織都有一個共有的目標：賺錢。不同的是，每個組織如何激勵員工保持承諾並努力實現公司目標。全球商業房地產公司艾維遜楊恩（Avison Young）有一個明確目標：二〇三〇年實現碳中和。他們知道成功取決於公司文化與員工的支持。他們如何實現碳中和可歸結爲員工投入努力的程度。因此，艾維遜楊恩英國分公司開發了碳素養課程，分次開課，所有員工都能參加。在每堂課中，參加的員工可以自主選擇一個共同的團隊目標，從廣泛的目標到聚焦的目標。第一個共同的團隊目標，是爲永續發展承擔個人責任。這需要採取一些措施，例如：回收再利用、減少食物浪費，以及設備不用時關掉電源。兩週後，團隊找到了一個新的共同目標和目的：每名成員在組織中再找一個尚未完成培訓的人，激勵他們親自承諾一項可永續發展的行爲。

自我管理的共同目標，如果在一個看重相同目標的組織內是文化相通時，就會變得有感染力。共同目標通常會超越組織，慢慢滲透到個人生活。與組織合作時，我們承認在企業研討會學習到的許多經驗可以應用於職場外。儘管如此，我們仍努力將重點放在職場，並營造一個以學習爲優先、同時激發傑出表現的環境。

第三部分：團隊意象

爲了探索如何實現共同目標，我們教授團隊意象。爲此，我們開發了「三P」法：**感知**（perceive）外部威脅、**規畫**（plan）最佳前進途徑、完成任務時**心在當下**（**present**）。這個三P過程類似我們在第5章概述的個人使用FIT過程，FIT的結果爲LAP（找出提示、啓動意象、堅持任務）。三P與FIT的差別在於，與團隊合作時，我們需要一種集體方法。

團隊成員不一定會透過個人提示來保持在「選擇點」有建設性的那一邊。所以爲了避免每個人朝著不同的方向前進，我們改教授團隊意象，讓他們可以使用意象來帶領自己想像各種計畫情境，並選擇最佳行動方案。團隊重置則深植在該計畫中。團隊意象的結果是設定具體的里程碑，團隊中的每個人也一致同意它，角色釐清才會更清楚。接下來，團隊必須**開始行動**（第四部分）。AIM過程是用「選擇點」做爲討論挑戰及獲得支持的機會，進而改善團隊溝通。這有助於團隊堅持不懈，提高成功的可能性。

指導團隊完成這個過程時，爲了營造正確的學習環境，我們首先爲如何使用團隊意象制定了三個基本規則。

- **規則一：合作**。每位團隊成員都要參與討論，而且團隊一起定義共同目標。
- **規則二：自主**。團隊共同規畫並同意行動計畫。每個人都根據自己的意願接受自己的角色。
- **規則三：熟練**。每位團隊成員都要對個人進步當責。如果不懂，就問。這是學習的方法。

一旦這些基本規則建立了，我們就接著討論三個 P。

步驟一：感知外部威脅

在這個步驟，我們要確認來自競爭對手或其他環境因素的威脅，比如經濟狀況。這個步驟通常由學科專家帶領，他們設定場景並確認威脅。個人會想像自己站在對手的立場上，試著透過這樣的不同視角來觀察世界。使用多感官意象讓團隊能根據可得資料與知識，探索競爭對手可能採取什麼行動。接著，團隊成員描述自己感知到的外部威脅。

在商業界，你可能做過類似以下的事：SWOT分析，當中包含評論自己的**優勢**（Strengths）、**劣勢**（Weaknesses）、成長的**機會**（Opportunities），以及面臨的**威脅**（Threats）。這裡的主要差異在於，核心重點是外部威脅，再加上我們使用了意象。我們放慢下來，想像**競爭對手**的優勢、劣勢、機會，以及他們面臨的威脅。在評估每個SWOT點的過程中，我們帶領團隊想像對手帶來既有和潛在的威脅。我們使用意象詳細關注具體細節：「我們競爭對手的優勢是什麼？想像一下實際發生的樣子。」

舉例來說，檢視威脅的方式，可以是找出銷售對象和你類似的組織。在體育界，威脅通常來自對手。在軍事方面，威脅可能是敵我接觸。在教育領域，威脅往往是互相競爭的學校或大學。團隊首先寫下威脅是什麼，然後想像威脅發生時的情況。團隊試著站在對手的立場思考。你感知威脅的能力端賴自己轉換視角的能力，也就是從另一個團隊或組織的角度來看事情可能會如何發生。

花幾分鐘想想競爭對手，以他們的角度思考。如果你爲谷歌工作，那麼想像在雅虎工作；如果你是頂尖運動代表隊的一員，想像現在爲對手的運動隊效力；如果你是民主黨員，假如你敢，想像自己是共和黨支持者，反之亦然。無論你選擇什麼對手，在接下來的幾分鐘，試著不帶偏見的這麼做。

想像一下競爭對手

- 他們的價值觀和信念是什麼？
- 他們的優勢和劣勢是什麼？
- 他們的主要障礙是什麼，又會如何克服這些障礙？
- 激勵他們的動機是什麼，他們的抱負又是什麼？

這個過程稱爲「換位思考」，也就是理解他人的觀點和行爲方式，包括認知和情緒反應。這是使用感知意象的第一步，想像**站在**他們的立場。接下來，你必須隨著情況的發展，想像**身處**他們的位置。現在，輪到你了。

從競爭對手的視角，試著想像：

- 他們要成爲領先者需要哪些條件，或者爲什麼他們已經是領先者？
- 他們如何看待其他組織的進步與成功？他們可能會有怎樣的反應？
- 最好和最糟的情況是什麼？對他們來說，那看起來、聽起來及感覺像什麼？
- 隨著情況（比如市場）改變，這個團體／團隊／公司在全年或整季中可能會如何調整？

當然，站在競爭對手的立場時，你的感知取決於對他們的既有印象和假設。儘管如此，採用這種視角，使你能對自己想像的每個情境可能發生的狀況做出假設。它讓你能排演情況，並針對如何取得進展調整自己的計畫。不過，使用這種策略會有一個危險。

小心認知偏誤

所有人都是不可靠的生活敘述者。感知是我們根據自己獲得的資訊，對別人或組織的行爲表現所持的看法。這些資訊可能不正確，但即便完全正確，我們的理解方式也可能不準確，這也許使人喪失實現目標的能力。

在軍隊中，我們常聽到關於認知偏誤或資訊超載的事情。軍事單位在作戰時，推測敵人很可能根據蒐集到的情報（資訊）採取 X 行動（假設）。但這種戰術可能適得其反，美國內戰就有一個著名的例子。在一八六三年的錢斯勒斯維爾戰役，聯邦軍少將約瑟夫．胡克（Joseph Hooker）獲得的情報遠遠超過同盟軍將領。他有更多間諜、偵察兵和信號站，還有新開發的觀測氣球技術。

在這種情況下，太多的情報導致對敵人會怎麼做產生偏誤的假設，也造成胡克將軍將更多的注意力集中於外部，而非內部。胡克認爲同盟軍的規模太小了，不可能兵分多路攻擊規模大它一倍的聯邦軍多個據點。然而，同盟軍將領羅伯特．李（Robert E. Lee）不是一次，而是兩次分派兵力攻擊多個據點，造成胡克的部隊不得不撤退到拉帕漢諾克河的另一邊。錢斯勒斯維爾戰役這個例子，就是說明外部焦點加上認知偏誤如何共同導致失敗。

要消除認知偏誤，進而讓你的團隊發揮最佳表現，你必須徵求好幾位團隊成員的不同見解。引入不同觀點可以挑戰偏誤，提高客觀性。不過，多樣性只能消除偏誤的一部分，你還得有可靠的最新資訊，而且須以成長心態來處理任何新訊息。選擇性吸收的資訊只會加深你的偏誤，這就是爲什麼你在勝利者態度下應該不斷地問：「萬一……？」，持續挑戰自己的感知。

另外，承認自己最初的感知（或假設）可能有誤，而且或許需要更新，這對你的團隊能否獲得（和維持）成功至關重要。堅定自己的感知是百折不撓的一種表現，但當你堅信自己的看法永遠準確，不可能出錯，這種堅持也可能是定型心態的跡象。

如果你覺得自己不容易站在別人的視角看事情，不要怕，這種能力是可以培養的。藉由這麼做，你也會建立起自己的情緒智商。

花時間以競爭對手的思維去感受自己構成的威脅時，你就能大致了解對手。接著，你就可以更深入地體會「萬一……？」——比方說，萬一威脅的優勢和（或）劣勢成眞會怎麼樣？

到這裡，就要開始轉向內部了。團隊中要有一個人（通常是資深成員）來帶課程，詳細介紹威脅相關的已知資訊（例如：人員、其他組織或團隊、經濟、技術等）。團隊成員檢視個人觀點，例如：「萬一發生X，我們的Y反應會是什麼？」這些觀點會回饋給團體，每個團隊成員都有機會討論他們認為威脅可能發生的原因和方式。接下來，團隊列出一份可能存在的威脅和根本原因的清單。我們會特別提醒團隊，威脅只是自己的感知，可能不會如自己想像的那樣發生。

當團隊了解競爭對手構成的外部威脅（X），團隊內部就會出現機會（Y），例如：打算用比競爭對手更低的價格售出股票，再將收益投資公司正在開發的潛在市場領先產品。這些內部產生的機會，就來自對可能結果的了解，就像下棋一樣。你們應該分析團隊做的決定、冒的風險可能導致的最好和最壞結果。然後，你們就可以制定行動計畫。

步驟二：規畫最佳前進路線

不管行動計畫是什麼，在仔細考慮實現期望結果的途徑之前——事實上，在確定自己的期望目標是什麼之前——你必須先想像三種情境：期望結果（計畫A）、次佳結果（計畫B）與最糟情況（計畫Z）。

對於每種想像的情境，你的團隊應該都由一人帶領意象（也就是說，敘述情境），深入排演結果。假設想像我們正在開發一款全新的耳機。我們去感知市場，確定哪些公司是主要競爭對手。我們知道他們哪些做得好與不好。我們知道自己產品的聲音清晰度無法與他們競爭，但創新的醫療技術可以與之匹敵，因爲我們有一群設計師和技術開發人員想創造能透過耳塞準確測量心跳、體溫和疲勞等級的產品。如果經常使用，耳機還能測出你何時可能生病。

計畫A（期望結果）

我們在健康和保健領域銷售耳機（對於正在跑步的人，也就是氣喘吁吁的人來說，聲音品質不是這麼重要）。我們考慮在美國大規模推出。我們想像一下結果，發表會在九月五日舉行，目標客群的熱烈回響、銷售額等等。

計畫B（次佳結果）

我們向更廣大的族群銷售，並未具體指定賣給哪個領域。我們同樣在美國辦了發表會，但得到的回饋不是很好。我們想像一下發表會、對產品的各種回饋、銷售額等等。

計畫Z（最糟情況）

我們售出不多，消費者沒有購買我們的產品，因爲在發表日之前，市場上已有更好的選擇。我們想像一下發表會（也許延期了）、回饋（負面），以及銷售不佳。

有了透過想像這三種結果獲得的所有資訊，你現在有能力開始制定行動計畫。我們發現，促進這個過程的最佳方法是讓某個人向團隊講述基本情境，其他人則補充細節，例如：產品會在哪裡上市？發表會是什麼樣子？討論的情況如何，是否引起熱烈的期待？執行長致詞內容會是什麼？

這種團體的詳細闡述能激發出里程碑式的目標，因爲它讓團隊不光只是想像長遠的大目標，以及在過程中需要實現的特定短期目標。它把對目標的想法轉變成想像實際、可取得成果的事，比如**誰**來預訂發表會場地？我們能爲耳機採購更多矽膠嗎？企業將這些「可取得成果的事」稱爲「關鍵績效指標」（KPI），因爲透過實現每個指標，團隊就能確定自己成功實現目標的水準。KPI這個用語讓你像許多企業員工一樣覺得反胃，我們就將這些指標改稱爲「里程碑」。

每個里程碑都有最後期限。一項明確的行動計畫通常需要至少四個里程碑，而且在每個里程碑的期限內，以及里程碑與里程碑之間的時間，通常會有每位團隊成員要負責完成多個「可取得成果的事」（任務）。

此時，團隊里程碑爲整個團體提供了粗略的指引，在我們離開團隊意象課程，個人設定具體的個人目標時，里程碑需要更明確。

AIM有助於檢視前進路線，讓團隊有能力制定切實可行的計畫，並記錄下來與獲得集體一致同意。透過這個方法，個人能以各自的行動執行任務，同時為集體想像的計畫而努力。

步驟三：完成任務時心在當下

一旦你和團隊制定了計畫，也承諾採取集體行動時，下一步就是在行動中全心在當下，並為挑戰來臨的時刻做好準備。這裡就是我們計畫處理的團隊「選擇點」：放棄或不要放棄。可能導致團隊放棄的種種挑戰，包括了資金短缺、市場變化或主要團隊成員生病等情況。

圓桌會議和團體**暫停點**，是幫助團隊重置與感覺心在當下的兩種方法。

圓桌會議練習

圓桌會議練習是為了超前部署。通常每週進行一次，這個方法讓團隊成員針對預先定義的共同目標，慎重檢討並重新建立連結，看看是否需要新的方向，以及對接下來發生的事取得一致意見。這需要一個潛在的「選擇點」（通常會出於情感），然後根據不斷變化的目標，將其變爲審慎的評估和決策的過程。

首先，讓所有人同步呼吸整整一分鐘。這麼做能使團隊成員停止（或至少放慢）大腦的喋喋不休，並將注意力放在呼吸上。我們生活在緊張忙亂的世界，而這是我們可以同時給予每個人基礎訓練的方式，無論透過線上或是親授。另一個方法是身體掃描。

如何進行身體掃描

深深吸一口氣。呼氣時，閉上眼睛，或單純地讓雙眼柔和放鬆。稍微放慢呼吸，想像氣息從頭頂流向腳底，用你的全身呼吸。在這個過程中，注意身體是否有某個地方讓你感到緊張或緊繃。不帶評斷地觀察這個緊張狀態的大小和形狀。有顏色嗎？往上或往下移動呢？將氣注入到這個緊張裡，為它增多一點空間。也許用手按住這個部位，看看它需要什麼。只須傾聽和覺察就好。

這樣的練習能幫助我們放下，重新連結我們的感官，而且全心在當下。如同我們的教練夥伴兼朋友大衛．德雷克（David Drake）說的：在一個「許多人認爲自己的身體只是爲了每天帶著腦袋工作而存在」的世界，從大腦轉換到身體對我們是有幫助的。

接下來，讓每個人反思你們一起制定的計畫。請大家分享一件他們已經實現的事、一件他們正在奮戰的事，以及一件令他們感激的事。最後部分可以和計畫完全無關。這種分享會增強團體的共事關係，有助於建立深層聯繫。每個人都應該參與。必須互相分享自己的脆弱。大多數圓桌會議是分享成功的機會，但也會有未能取得進展的時候。

如果因爲目標改變，或是此刻出現其他變數（比如新客戶可取得成果的事），一致同意的計畫必須重新制定，就要花時間討論新的資訊，並從團體中獲取回饋。

用這種方式在團體中分享，就可以在不帶評斷之下，讓團體共同進步。有時，你不知道團隊成員在哪些地方遇到困難、在哪些地方需要更多支持。這是發現這些差距，並預先塡補這些落差的絕佳方式。

暫停點

想像一下，現在是全美大學體育協會錦標賽最後一場比賽的第四節尾聲。整場比賽雙方分數都咬得很近，但有一隊正在潰散。教練喊了暫停，並讓球員圍成一團。這個就是暫停點。

圓桌會議通常都是有計畫的，但暫停點就沒有。暫停點就像（降落傘的）開傘索，拉動它就能避免災難。任何人在任何時候都可以啓動它（不過我們告訴團隊要像緊急按鈕一樣使用它）。但我們發現，當一、兩個成員出現心不在焉或消沉時，團隊會使用暫停點來檢視他們的動機、任務準備就緒的情況和信心。這種時候可能是某個團隊成員疑惑自己的任務如何融入更大的目標，或是認爲他們的任務無法增加價值。

何時啓動暫停點得看感覺，而且與每個人的個人進展及大致了解進展的空間有關。

暫停點能使團隊集體重新專注在任務上，檢查看看是否有任何可能需要調整的變化，增強每個人的溝通，並支持團隊成員在做出關鍵性的決定前，感覺完全心在當下，比如「選擇點」出現的那些當下。

暫停點不僅可以眞的挽救生命（或至少冠軍寶座），還能讓每個人在嚴苛的環境中控制自己的行爲。

第四部分：開始行動

按照任務行動，而且堅持計畫。依循你們的價值觀生活，抱持致勝的態度上場，並爲你們的共同目標努力。無論個人或團體，預計都會經歷艱難時刻，預期挫折與勝利，不要害怕以進步的名義暢所欲言。

第五部分：檢討進展

藉由團隊里程碑來檢討進展。一旦檢討了進展，團隊通常會使用團隊意象添加一些額外規畫，以及設定新的里程碑。他們可能制定一個新的共同目標，也許是再次經歷完整的ＡＩＭ循環過程。或者，一旦團隊實現了目標，而且到了該設定更具挑戰性新目標的時候，就可能會進行檢討。

我們發現，當團隊最初嘗試實現目標失敗後，他們會定義一個更實際可行的新共同目標。他們利用失敗經驗來改進下一輪循環過程的目標設定，下次就不會再犯相同的錯誤。至於實現目標的團隊，也不會就此止步，他們會努力解決過程中遇到的問題，然後像失敗的團隊一樣，定義一個新的共同目標。

要說在本章學到什麼，那就是你應該在組織內部大聲說出自己的目標和意圖，並引以爲傲。講述里程碑式的成功故事，並在未能實現你們集體設定的里程碑時，公開提出具挑戰性的問題，引起人們的好奇心與合作。

請記住，目標會帶來壓力，尤其是大目標（即使劃分成里程碑時）。壓力和焦慮在任何團隊中都是不可避免的，它們會導致不和諧。在下一章，我們會略述幾個常見的團隊問題，並提供解決的方法，這樣你和團隊就能在正確的方向上繼續前進。

第8章 常見的團隊問題（與解決方案）

為你在乎的事而戰，但以能使他人加入你的方式實踐。

——露絲・貝德・金斯伯格，美國最高法院大法官

每當不同個性的人聚成一個團隊一起工作時，必定會出現挑戰。如果這些挑戰沒有獲得解決，代價就會很高。工作效率會受影響，更重要的是，健康也會蒙受其害。工作中的衝突可能會導致焦慮、憂鬱、睡不好、背痛、偏頭痛和慢性疾病。至於因為工作壓力引發的疾病所造成的財務負擔，根據哈佛商學院於二〇一五年的計算，單單在美國，工作時數損失的成本就高達一千二百五十億至一千九百億美元。① 當然，並非所有工作壓力都是衝突造成的，它也可能是缺少支持、工作要求增加、甚至睡眠不足的結果。

凱薩琳是《財星》一百大公司的高階主管，當她向我們尋求幫助時，已經束手無策了，也好幾個星期都沒睡好覺。團隊新加入的成員是她的朋友，卻遭到其他成員排擠。這個團隊最初是一個緊密團結的小團體，多年來漸進發展，但現在正迅速壯大。在我們開始與這個團隊合作的那一年，它的規模增加將近一倍。資深成員對於快速成長感到煩亂，電子郵件有時成了戰場。員工開始向凱薩琳抱怨，因爲不斷處理抱怨，讓她很難抽出時間做好自己的工作。時間和睡眠對她來說很寶貴，但這兩樣東西都被團隊衝突耗盡。這種情況使她無法深度思考，而這項能力是她在公司的優勢。她打給我們的第一通電話，以一句話總結就是：「救命！我快瘋了。」

結果，我們發現這個團隊面臨四項最常見的挑戰：「又來了」症候群、目標互不相關、工作倦怠，以及鬥爭。儘管這些問題的演變沒有特定模式，但我們仍注意到缺乏有組織的目標（尤其當團隊還未定義自己獨特的優勢時）會造成角色不明確，因而導致團隊成員感到不滿和壓力。

AIM有助於個人與團體使用意象來對抗這些挑戰，最終目標是**按照規畫落實當責**：也就是在挑戰出現前，每位成員爲都能獨立解決問題，爲團隊謀福利。這種情況會出現在團隊共同完成當前可交付成果的事，同時又有遠見地預測並克服潛在的挑戰時，比如爲迫在眉睫的最後期限擠出額外時間，或者爲即將來臨的工作量高峰做準備。團隊是一個生態系統，使用意象共同計畫的團隊會發展出一個共生的生態系統，支持人才成長，讓團隊中的每位成員都有歸屬感。我們來看看每項挑戰，以及團隊如何透過使用AIM實現共同當責。

「又來了」症候群

我們分別會見了凱薩琳團隊的每位成員。經驗豐富的高階主管海莉，對於我們的輔導能否改變任何事抱持懷疑態度，她勇敢地發表自己的意見。

海莉說：「在你們之前，我們也有過一名輔導者。她很和善，或許非常擅長自己的工作，但做的事對我們沒有任何幫助。她對工作流程和角色有一些不錯的想法，卻無權改變任何事。或許因爲她不想惹人不高興，所以就只是說說，沒有採取任何行動。」

海莉有「又來了」症候群，團隊中並非只有她有這種情況。好幾位成員都認爲，我們的介入改變不了什麼，因爲上次的輔導沒有奏效。

與團體合作時，「又來了」症候群往往是我們遇到的第一個問題。無論管理層採取什麼手段讓改變看似即將到來，例如：請來顧問舉辦「啓發靈感」或「心態」研討會，但團隊或某個團隊成員就是覺得什麼都不會改變，

管理層聘請專家舉辦研討會時，專家往往沒有採用正確策略來提升成功機率，導致研討會並沒有轉化爲行動。研討會要想成功促成轉變，必須根據目的和意義，更重要的是，每個人都必須參與。

我們所說的每個人，就是指**所有人**。如果關鍵決策者或團隊領導者沒有出席研討會，團隊就會被分爲參加者和未參加者。這種經驗變成了只是在一個小組裡發揮作用，而不是在一個相互連結的團隊運作。團隊成員會覺得對自己的小組負有職責，但不會眞的對整個團隊當責，因爲他們無法理解如何融入更寬廣的集體願景。

在團隊中，共同規畫未來是每個人必須有的能力。任何被排拒在策略規畫之外的人，都不會覺得自己與團體所做的改變有很大的關聯，這可能不利於團隊最終的成功。當人感覺參與了團體的決策時，就會投入決策結果中。

ＡＩＭ採用一種由內向外的方法直接處理「又來了」症候群。輔導方法從頭到尾都採用我們所謂的「動機式晤談精神」，傾聽團隊每一位成員的聲音，並使用意象讓他們感受到與團隊願景聯繫在一起。我們協助團隊打造一個大家都能自由發言、一起想像的環境。我們很重視保密，所以當有人像海莉一樣沒有顧忌地說出自己對整個流程有疑慮時，我們認同他們的感受，並分享我們會如何避免浪費他們時間的計畫。

針對團隊的意象能力和目標評估，我們還會做具體檢測。這不僅僅是理論，更是一種實踐。我們不是自得意滿的顧問，而是變革的設計師。然而，要讓改變發生，從警衛到執行長，團隊中的每一個人都必須覺得自己是願景的一部分，並且相信這個過程。他們必須全心投入這個獨一無二的集體願景，接受自己的角色，而且在追求願景過程中，對於代表階段性進展的里程碑，也努力去達成。

約翰．甘迺迪的登陸月球計畫，就是它如何運作的好例子。這個目標獨一無二，又有挑戰性：將人類送上月球，並安全送回地球。爲了實現這個目標，美國太空總署大約四十萬名員工制定了里程碑，且承諾採取行動。登月計畫很容易就會失敗（事實上，太空總署以外的大多數人都這麼認爲），但團隊裡的每個人都接受自己的角色。他們全都相信把人送上月球這個抽象的想法，並制定具體計畫來推進這項任務。據說，一九六二年甘迺迪參觀太空總署期間，問了一名警衛：「你是做什麼的？」警衛回答：「我幫忙把人送上月球。」

有挑戰性且抽象的目標需要意象，尤其當這些目標源自於團隊的目的和意義時。努力實現有挑戰性的目標，代表團隊必須進行創意思考。因此，爲了克服「又來了」症候群，團隊中的每位成員必須共有「願景」，並像《復仇者聯盟》一樣，因爲意義（即使對復仇者聯盟來說，意義往往帶有個人的重要性）和目的（拯救宇宙！）而聚集在一起。當你與擁有相同目標的人建立聯繫，你會體驗到和諧的熱情，這種做法很有感染力，能讓你在朝著具挑戰性的目標努力時，增強自己動機。當你找到集體的熱情並想像實現有方針的目標時，「又來了」症候群就會轉變爲正向的「再來一次！」症候群。

目標互不相關

凱薩琳的團隊也存在目標互不相關的問題。當團體目標對每個人來說不一樣時，就會出現這個問題。就組織內的各部門而言，團隊目標和指標可能有所不同，比如銷售、行銷和營運，但團隊要取得成功，組織內所有人的總體目標必須一致。

由於凱薩琳的團隊過去規模小，現在快速成長，成員之間存在不確定感和競爭，這讓當中有些人陷入生存模式。有些團隊成員過度專注於特定任務；有些人則做自己**認爲**正確的任務，但他們其實也毫無頭緒。要釐清的是，發生這種情況不是因爲凱薩琳帶領無方；只是不斷擴展的團隊還未找到團隊優勢——也就是爲共同目標努力時，他們的獨特之處。結果，他們把太多的時間和注意力集中於無關緊要的任務，卻沒有花足夠的時間和注意力在追求集體目標和願景的具體指標上。

傑克是中階主管，嘆氣地對我們說：「我們實在說了太多『好的』。如果有人要求向重要的利害關係人提供可交付成果的事，我們當然應該去做，但我們似乎承擔太多了，又不能拒絕，因爲這會讓別人對我們和公司留下不好印象。」

他接著說：「這個團隊是ＥＳＧ（環保、社會責任和公司治理）方面的專家。我們爲什麼在做其他領域的事，這讓我難以理解。如果我們的集體目標更精簡，生產力大概會提高六〇％左右。」

體育運動也可能發生目標互不相關。強納森在賽季初輔導一支世界級的帆船代表隊時，將運動員、教練、防護團隊（包括工程師、製帆師及軟體開發者）聚集在一起，請他們爲團隊設定一個實際可行的目標。整個團隊有一個共同目標，就是贏得世界盃，但每個人心中對於實現這個目標的時間點相去懸殊。有些人認爲他們能在該賽季贏得世界盃，但有些人不這麼認爲。營運經理克雷爾說：「勝利需要時間，我們離最終目標還有四年。」運動表現教練詹姆斯則無法苟同：「以我們現在擁有的運動員，本賽季就是最好時機。」

解決這個特殊問題需要合作和溝通。首先，每個人必須各別定義自己的角色，找出自己的優勢和障礙，以及想像合作的樣貌。然後他們回到團體，討論自己的發現，並一起制定行動計畫。

世界一流的團隊都知道以下問題的答案

- 你在團隊中的角色是什麼？所有團隊成員能否定義其他人的角色？
- 你的優勢是什麼？所有團隊成員能否明確定義每位成員的優勢？
- 你的障礙是什麼？未來一年／月／週／天，團隊很可能會共同面對哪些障礙？
- 是什麼讓團隊與衆不同？每個人都同意嗎？如果不是，為什麼？
- 表現傑出的團隊是什麼樣子？你如何實現這個目標？你能使用多感官意象想像實現這個目標嗎？
- 你們團隊的共同目標是什麼？所有成員都知道過程和里程碑嗎？你知道每位團隊成員為這個目標做了什麼努力嗎？

強納森與帆船代表隊合作時，這些問題成為連結目標研討會的基礎。他以「快速約會」的形式帶領這些問題的討論，大家交換位子，盡自己努力與現場的每個人交談。

在這種情況下，他們討論了航海性能，結束時沒有浪漫的一餐，只有一支充滿活力的團隊，擁有更好的溝通、目標焦點與運動表現。製帆師與工程師討論材料、工程師與帆船運動員討論力學、教練與軟體工程師合作改進數據蒐集，以及團隊集體解決障礙，想像「萬一」並規畫克服問題的策略。最終，他們成爲表現頂尖的團隊，排名世界第四！

目標互不相關並非總是壞事，因爲它們可以凸顯不同觀點，進而引發各種討論，有助於我們卸下深信不疑的信念和態度。但如果沒有討論，互不相關的目標就會成爲問題。這是導致衝突的成因：觀點不一致，又缺乏透明度。AIM以有建設性的形式直接解決這類問題，透過討論角色、具體目標及里程碑，讓每一位團隊成員都有機會考慮其他人的觀點，同時讓每個人都有發言權，談談他們對成功的信念。我們總是在課程結束時，請成員一同對確定的計畫做出承諾，並在可執行的項目寫上他們的名字。這可以培養深層聯繫、增強當責，以及將目標衝突減到最少。

這支划船代表隊在該賽季成功進入世界錦標賽，但沒有獲勝。五年後，他們仍未晉級決賽，但有了不一樣的共同目標：成爲錦標賽中最具競爭力的隊伍。透過一系列的場景，從**最好的結果**（贏得錦標賽）到**最壞的結果**（翻船且排名最後），團隊詳細想像了最偉大的計畫。擁有最佳願景（出色地完成每場比賽，也爲團隊世代傳承打下基礎）需要一支**有競爭力**的隊伍，並使他們在爭奪冠軍頭銜的過程中保持**競爭力**。

工作倦怠

工作倦怠的發生，是由於長期職場壓力沒有獲得有效管理。倦怠具有三方面的特徵：精疲力竭；無法與工作產生心理連結，或對工作產生負面想法或憤世嫉俗；專業效能降低。

理想情況下，工作倦怠永遠都不應該發生。但凱薩琳的團隊經歷了工作倦怠。團隊成員表示，他們感到「情緒脆弱」「經常緊張不安」「噁心」「焦慮」「被批評」及「疲憊」。倦怠不僅僅影響個人，當團隊中有人感到精疲力竭時，就會削弱整個團隊。這是一種「社會傳染」——行爲、情緒或健康等狀況透過團體或網路自發傳播。艾美是凱薩琳團隊的一名資深經理，角色十分特殊：分析長，意思是她負責審查公司和市場的數據，並向凱薩琳和整個組織報告她的發現。她擔任這個職位已有兩年，但隨著團隊的擴增，艾美的角色愈來愈模糊，因爲其他成員的角色與她重疊。

比方說，團隊新成員克莉絲是數據分析總監，負責解釋利害關係人的數據、預測市場趨勢，並向凱薩琳和整個組織報告她的發現。艾美和克莉絲的角色在做法上相似，兩人因而爭論不休。導火線是一張圖表上的拼寫小錯誤，引發了一連串的電子郵件交戰。艾美寫道：「我們有很高的標準，如果連校對工作都懶得做，那就沒資格在這個團隊。」隨後，克莉絲成了最愛對艾美找碴的人，任何錯誤都會立即透過電子郵件指出來。艾美和克莉絲在一次團隊會議中吵起來，並拒絕在同一團隊工作，這是壓垮駱駝的最後一根稻草。

新員工加入現有團隊並引起摩擦是很常見的，這可能會導致普遍的工作倦怠。當團隊的互動發生變化，再加上角色定位沒有釐清時，摩擦就會發生。新團隊成員的入職培訓過程是一個關鍵點，團隊可以在摩擦演變成激烈鬥爭、最終導致倦怠之前克服衝突。入職培訓過程的每個環節都必須明確、有系統、有規畫，也就是從撰寫職務說明到人員招聘，讓新員工融入團隊，以及共同完成專案。

無論是因爲入職培訓不力或失去重要的團隊成員，只要出現失衡，就會很常見到工作倦怠。不堪負荷的工作量、不切實際的期望、工作與生活界線劃分不清與認爲一切都不會改善的心態，都會導致失衡。舉例來說，如果你沒有設定個人界線，讓自己的界限被逾越，或者你逾越別人的界線，就可能會引發工作倦怠。如果偶爾發生，大多數人並不介意深夜收到內容爲緊急行動事項的電子郵件。但如果這樣的情況經常發生，就難免會產生摩擦。設定期望和界線對於預防工作倦怠極爲重要。思考以下四個問題（以及括號中顯示的後續問題），是我們確保個人生活與工作之間平衡的開始：

一、什麼爲你帶來平衡？（忙碌時，你如何保持平衡？）
二、你對目前角色有什麼期望？（你預計會遇到什麼挑戰？）
三、逾越你的個人界線會是什麼樣子？（你可以採取什麼哪些措施來確保這種情況減到最少？）
四、如果感受到壓力，你打算如何確認及處理？（我們能給予你哪些支持？）

設定界線是以團隊爲基礎，但也是組織性的。如果你獎勵長時間工作的員工，這可能有利於業務，卻不利於平衡。例如：將那些每週工作時間超過全職工時的人，擢拔到比堅持每週工作三十七．五小時的人還高的職位，這對於持續激勵員工沒有助益。大多數人每週工作一定時數，是因爲他們還有家庭、健身或社交活動等工作之外的承諾——這些全部對於防止工作倦怠、進而提高工作效率至關重要。

二〇二〇年二月至二〇二二年二月的新冠肺炎疫情期間，我們輔導團隊時發現，工作量增加了約二〇%。人們起床時與睡覺前都會查看電子郵件，普遍表示作息不規律。這確實是一項挑戰，因爲工作滲入家庭生活，充斥臥室和家庭的公共區域。然而，新冠肺炎剛爆發那一年的前後，團隊就曾經一直處於疲憊不堪的狀態，尤其是團隊領導者。其原因似乎與自主權、團結和睦和透過設定界線平衡期望有關。

自主權對提升個人控制期望和界線很重要。我們見過許多人，包括教職員工、企業高階主管、教練，甚至軍官，因爲失去做決策和掌控自己工作流程的自主權，變得疲憊不堪。自主權的意思就是，由你來決定對任務說「不」或「是」，但在某些情況下，任務需要快速完成。身爲團隊領導者很容易掉入一個陷阱，而且在那種處境下，你可能會採取讓團隊成員覺得自己失去自主權的方式分配職務。然而，情況不需如此。你只要鼓勵團隊成員與任何分派任務的人之間進行有禮貌的討論，就能確保團隊成員在完成任務的同時，仍感到擁有自主權。這是爲什麼每週的圓桌會議（聚在一起討論工作流程，例如：可交付成果的事）或小型會議（檢查進展）是提高透明度和自主權的好方法。

我們來看看兩個假設情境。

情境一：你接到一項任務，它不屬於你的專業範疇，但主管走過來告訴你，三天內要交付成果。你說自己還有其他的事要忙。可是主管告訴你，必須挪出時間，因爲這項計畫既緊急，且必要。

情境二：你和整個團隊收到邀請，參加有關新的可交付成果的工作會議。你接受邀請，並且出席。你的主管描述了可交付成果的工作。他們解釋說，這項工作實在不是任何人的專業領域，但必須盡速完成。他們問：「誰可以帶頭？」一片沉默。你知道團隊有一大堆工作需要完成，而你也是，不過你可能是這項任務的最佳人選。因此，你同意接下它。

好吧，兩個情境都不理想，但你比較喜歡哪個？被告知要做某件事，還是自己選擇去做？與團隊合作時，我們知道有自主權和選擇承擔任務的人，感受到的壓力較小。

高績效和有韌性的團隊會相互聯繫，絕對不會用到情境一。事實上，情境二很少會導致獨自一人同意承擔工作量。緊密聯繫的團隊會使用情境三來預防工作倦怠：他們會分派一名指揮者事先制定策略及管理新的可交付成果的工作，接著整個團隊共同為任務努力。這麼做既能減輕工作量，又能緩解壓力。

AIM首先引導每個團隊成員向內審視，藉此確立個人角色，決定如何朝個人目標前進。然後，團隊成員向外看，了解自己能如何幫助其他成員實現他們的個人目標。我們聽到有人會說：「我看得出你需要支持，需要幫忙嗎？」他們也一樣常說：「我需要支持，你能幫我嗎？」這激勵了我們與團隊成員探究脆弱循環，並透過溝通與增加支持建立同理心，進而減輕壓力。

克服工作倦怠的另一個方法是，提供學習和成長的空間。莎拉是經驗豐富的化學老師，剛到某所學校任教時，她在包含科學系主任在內的七人團隊工作。她因為幾個原因而被聘用。首先，她是一名優秀的老師，也立即受到學生歡迎。其次，她的面試表現出色，而且附帶亮眼的推薦函。最後，她的備課細心嚴謹，能為教學團隊的其他成員帶來實質助益。基於這點，系主任給了莎拉一項任務：每週與教學團隊的其他成員一起制定教案。一開始是全體出席教案設計，要讓學生能專注於他們的課業。團隊很喜歡莎拉帶來的幫助，但幾週後，莎拉不再喜愛這份工作。她變得焦慮且懷疑自己的能力。

開始輔導莎拉時，我們詢問她的壓力源是什麼。她告訴我們壓力來自系主任，「他的本意很好，但我與團隊做的每件事，在我做之前，他都要檢查，好像不信任我。然後，他會給我建議，希望我能向團隊提出，但他的建議不是最好的，所以我不想再帶領了。我只想專注在自己的教學上。」

我們與莎拉學校的領導團隊合作，向他們提議只與教職人員一起設計一次教案就好。我們建議系主任不要插話或凡事過問，而是讓同仁獨自履行職責。這些改變一實行，教職人員就表示領導階層給予了更高度的信任，整個壓力也降低了。他們的角色及目標更加明確，例如：做什麼事和何時做，因爲明確的指示和方向讓他們覺得受到支持。這也讓教職人員覺得更應對自己的工作**當責**，而不僅僅是對完成工作**負職責**。

在莎拉和艾美這兩個案例中，我們都與團隊會面並執行暫停。我們詢問職員想要什麼，以及他們如何在團隊中最有效地工作。他們的回饋非常寶貴。他們都表示，獨立、平衡、團結和睦及角色明確，是讓他們工作表現最好的方式。我們爲團隊提供支持，儘管有些成員離職了，包括艾美在內（她目前在另一個組織擔任幕僚長），但絕大多數仍在「以人爲本」的新方法中茁壯成長，使用意象實現目標、設定目標，以及制定自我及團隊減壓的策略。

工作倦怠會擴散，最常見的原因是工作與生活的平衡不佳，若缺少像正念和團隊FIT這樣的減壓法來管理思維及壓力，工作倦怠就會繼續蔓延。事實上，任何組織都不應該發生工作倦怠。如果發生了，就表示組織沒有適當設定期望，界線經常被逾越，還有來自同事的支持不夠。眞希望我們能爲所有團隊解決工作倦怠問題，但我們做不到。團隊必須做文化轉變，體會每個特定挑戰所需的必要支持。如果事情很簡單，就不需要支持。但如果事情很難，團隊就應提供更多支持。

鬥爭

牽涉到「需要得到別人認可」的情感反應，是我們見到衝突最激烈的地方。這種需要可能會壓倒理智，導致有人會自我毀滅。舉例來說，有個團隊成員或許時常被迫去做服務，但工作過量、遭忽略及不受賞識時，可能會變成懷恨在心、一心想報復，然後對自己和團隊做出有害的事。

科技新創公司 YouSendIt 的一位創辦人的故事，可以做爲警惕。[2] 加拿大籍的哈立德．謝赫（Khalid Shaikh）是巴基斯坦移民的兒子，他全心全意投入自己與兄弟創辦的公司。公司是他的寶貝。他放棄個人生活，寫程式、架設第一批伺服器及經營公司。他和共同創辦人努力維持收支平衡，直到他們籌集一千一百萬美元，且最終放棄所有權。

自此之後，一切都改變了，包括經營管理工作。哈立德覺得自己不受歡迎，工作也不被讚賞。他在科技會議上對抗某些文化規範，像是去脫衣舞俱樂部。於是他買了一套新衣櫃並開始打高爾夫，也嘗試了所有對他來說不真實的東西，感覺（且看起來）都很彆扭：從牛仔褲改穿西裝，西裝穿在他身上顯得太大；用痛批來發洩壓力；發給團隊好友的電子郵件上會這麼寫：「你是智障喔，我不敢相信你竟然會這麼做！」

最終，哈立德被炒魷魚。他沒有像賈伯斯被趕出蘋果時那樣找到自己的方式重回公司，而是沉浸在自己的憤怒中，這也擊潰他了。他對曾經傾注生命的公司發動網路攻擊，結果被處以自己支付不起的罰金，入獄服刑，現在成了他夢想世界的局外人。很難理解這麼一個才能出眾、勤奮工作的人疏遠朋友和同事，最終淪爲罪犯。這個故事有很多部分可以解讀，但此處要關注的是我們在本書前面幾章強調的相同訊息：我們的情感能壓倒邏輯。在渴望獲得認可的過程中，我們可能迷失自己和目標。

在工作中，我們有時會看到帶著很棒的初心、辛勤付出和奉獻精神開展的合作，最終變成鬥爭。有時會以爭奪主導權的小吵架形式上演，比如房間溫度由誰作主。或者導致更大的權力鬥爭，比如耍手段成爲領導者行事曆上更優先考慮的對象。

解決這種問題，比想像一個更好的工作環境或探討價值觀來得複雜。首先從自我管理開始，包括找到健康的工作與生活平衡。再來是理解他人，學習如何在不同職務中與不同性格的人溝通。

意象與解決方案

領導團隊是一項巨大的挑戰。我們發現，團隊有兩大特質能創造安全感與歸屬感，進而激發出想像力——然後透過想像力，才有創新與解決方案。這減輕領導者解決所有問題的壓力，並創造共同的當責感，而這才是最後階段。所謂兩大特質是自主權和同理心，都是動機式晤談精神的核心。

自主權

神經科學幫助我們了解在不同狀態下，大腦內部會發生什麼。如果你是領導者，那就會想知道李宇古（Woogul Lee）和同事所做的一項研究，他們對自我決定行爲的獎勵和懲罰做了比較。③

當人們感覺受到獎勵和懲罰脅迫時，大腦被刺激的區域會發出失去自主權的信號。這可能導致他們忽視了自己的價値觀和信任自己的能力。當做自我決定行爲（自主、掌握及合作）時，個人會感受到一種自主感，讓他們對自己所經歷到的情況和結果負責，因爲這些都在他們控制範圍內。擁有這種意識的團隊成員不會覺得問題是別人的，或是不受自己控制。他們不太願意被自己的環境定義。最重要的是，他們更有可能尋找解決方案來改善現狀。

使用意象帶給個人一種自主感，團體中使用意象也是如此。就像我們在凱薩琳的團隊見到的，AIM促使他們團結和睦，也讓他們變得更加堅強，適應能力更強。

同理心

當我們向團隊傳授同理心時，觀察到從抱怨轉爲合作的改變。這種轉變會影響士氣、歸屬感及最後結果：實現目標。我們使用統計學家保羅．赫茲（Paul Hertz）設計的PRINT等動機衡量法，幫助每位團隊成員了解自己的優勢、劣勢和潛在衝突。④這些報告產生的自我覺察，可以幫助團隊成員爲自己的行動負責，並預測哪些因素可能造成他們走偏，或是導致團隊內部出現溝通問題。當我們在團隊中向參與者報告這些衡量法時，他們會建立一種共同語言，並承認各自的觀點不同。此時就建立了同理心。

在團隊中喚起同理心，比起個人這麼做更具挑戰性，因爲許多互動方式都會發揮作用。這個過程從傾聽開始。每當爲團隊舉辦研討會時，我們都會倡導積極傾聽、開放式問題及進行反思。對於一個人的言行對他人會產生怎樣的影響，我們建議透過練習建立共同的理解。就如谷歌鼓勵員工練習帶著覺察發送電子郵件，你在團隊中一樣也能練習帶著覺察傾聽。你現在就可以試試。回想一下某次你參與了有意義且發人深省的交談。花幾秒鐘讓自己沉浸於那一刻，首先想像那次交談，接著是你的聽眾、環境、溫度等等。

對方說了多少話？也許你在分享故事時，就講完了所有的話。也許他們問了提示性的問題，像是：「接下來發生了什麼？」（開放式問題），或者只是低聲說道：「不會吧！」（好奇的反應）。在這兩種情況，講故事的人（你）都會覺得其他人對你說的話感興趣，並眞正投入。你可能感覺到與對方有連結，而且覺得有人傾聽和理解。

現在回想一下，是否遇過你說話沒人傾聽。或者當你想分享解決方案或故事時，聽眾卻不想聽。還是你才開始說話，就有人搶話、沒人回應，或者不認同你的論點就改變話題。這會讓你感到沮喪或洩氣嗎？

最難的部分就是，當你傾聽的目的是爲了**回應**，而不是**理解**時，你是否留意到了？你可以使用修改版的 LAP，方法如下：

- **找到**提示（暫停並放慢你的呼吸）。這能阻止你立即做出回應。
- **啓動**意象（在八秒內想像你的團隊目的，接著想像團隊的共同目標）。這能喚起團隊的情感聯繫。
- **心在當下**（傾聽、反思，或提出開放式問題）。記住，你必須積極傾聽才能進行反思。

這個過程可以讓讓你們產生深層聯繫，同時將那些妨礙積極傾聽的惱人插話減到最少，進而使團隊進行有意義的討論，讓在場每個人都能表達寶貴的意見。

最後階段

按照規畫落實當責，是最終目標。這種狀況會出現在團隊中的每一個人都花時間想像團隊可能面臨的挑戰，並於潛在問題變成問題前努力解決的時候。這會讓團隊中的每個人都成爲自覺的參與者，從分擔**職責**轉爲個人**當責**與行動。

在團隊中要按照規畫落實當責，第一步是回顧第 7 章概述的 A I M 模型。與你的團隊進行**校準**，接著**定義共同目標**，然後透過**團隊意象**一同計畫。依循這些步驟會讓你的團隊制定一系列實際可行的目標，在他們**開始行動**時積極努力實現。A I M 有助於將衝突減到最少，因爲它藉由讓你的團隊討論價值觀、信念與致勝態度，來培養深層聯繫。你們會共同聚焦在團隊有建設性批評的共同目標，進而激發動機。

接下來，當團隊評估在目標和里程碑上取得的進展時，請開發你們自己版本的暫停點和圓桌會議。這些練習藉由讓團隊成員有權利表達意見來培養同理心，因爲意見會有人傾聽、理解，並與團隊和組織的整體目標或方針正式建立聯繫。想擁有一支有韌性的團隊，首先要認清這個過程很少會平穩順利，所以爲了團隊特地聚在一起釐清問題，或努力克服潛在「選擇點」的時候，你必須留出時間。透過公開、刻意營造的學習環境，你爲「按照規畫落實當責」塑造了機會。團隊成員會有空間提前思考問題，同時支持其他人。

快轉到凱薩琳的團隊。我們花了一年時間與團隊一起進行溝通、建立角色明確性，以及透過聯繫和歸屬感建構他們的共同目標。這並不容易，因爲我們必須克服偏見和

「又來了」症候群，當中還包括調解已經存在數月的衝突。我們輔導每個人（有些人比其他人更需要），並幫助他們建立團結一致的團隊。

在正式結束兩個月後，我們聯絡他們確認是否順利。其中有一通電話對我們意義重大。一位資深的團隊成員告訴我們：「謝天謝地，我們能和你們合作。我們最近經歷一些很難熬的轉型，衝突可能會一觸即發，但我們挺過來了，幾乎沒什麼閃失。」

他們定期使用意象一起制定計畫。在開會時，團隊成員會根據他們的共同目標設定目的，也最清楚應該將注意力和精力集中在哪裡。當衝突或不確定性出現時，他們仍會感到不舒服，但保持靈活的態度，帶著慈悲和理解互相傾聽。

對於團隊的進步，凱薩琳欣慰地說：

共同設定目標創造了透明度。我們都知道自己需要做什麼；這讓我們覺得應對自己的可交付成果的工作當責。在我們的圓桌會議上，每週使用意象一起計畫一次，並討論潛在挑戰、時程表與釐清角色等情境，真的能凝聚團隊。這就好像我們都調到了同一個頻率，知道彼此的工作方式、他人的喜好，也更能理解和尊重。所以，如果真的發生什麼事，我們知道如何共同克服障礙。團隊已經把頻道從覺得負職責，轉到對自己的工作和彼此當責。

隨著組織成長，組織內的團隊也在茁壯，團隊在合作與聯繫中所投入的每一小時，都會增進自身對外部目標的覺察，而這些目標又比團隊目標更大。解決偶爾的衝突成爲共同的組織價值觀，因爲這是爲未來而戰。一個組織擁有當責的堅強團隊，就有機會爲比自身更宏大的事做出貢獻。它擁有的公共基礎建設不單只是優質，還是**優越**。

第9章 更高層次的團隊意象

邏輯能讓你從A到B，想像力卻能帶你去任何地方。

——愛因斯坦，物理學家

我們的一名個案說：「閉上雙眼讓我大開眼界。」對我們來說，也是如此。我們兩個人一開始各自都有一個目標——喬安娜的目標是克服摔馬意外，強納森則是做研究及撰寫論文。不過現在的目標是：透過本書分享自己的方法和故事，這讓我們有更遠大的目標。

我們一次又一次發現，當意象成爲日常習慣時，它會增強動機，開闊視野。你已經獲得**感知**、**計畫**，以及對手邊任務更**心在當下**的工具，我們希望你已放下了限制性信念，欣然接受的新的處世方式。

如果你想知道更高層次是什麼，這是非常好的問題，而且它完全取決於你。對許多人來說，此時不是只有在企業、體育運動或其他個人歷練上取得成功，而是要抱持共同願景（並付諸行動），同時創造負責任的全球公民團隊。

如果「爲世界帶來更大、更廣的影響」這個想法吸引你，就細想一下：你想在哪一方面爲世界帶來改變？教育、心理健康、營養、癌症研究、動物權利、氣候變遷等等？

更高層次的團隊意象從你向外擴展，甚至超越你的團隊。它是關於你如何使用AIM爲世界帶來積極的改變。你會遇到各種障礙，比如目標轉變時，必須修改個人和團隊的優先事項，不過大好機會也在等著你。在本章，我們提供許多關於氣候行動的例子，因爲我們本身熱衷且致力於處理這方面的問題，但你可以將任何全球性挑戰應用到我們的例子中。

灰犀牛效應

你知道灰犀牛正瀕臨絕種嗎？你是否曾爲拯救灰犀牛捐款或投入時間和精力？白犀牛呢？好，最後一個問題：黑犀牛呢？你捐錢拯救過牠們嗎？好吧，這毫無意義，因爲黑犀牛已在二〇一一年滅絕了。

灰犀牛效應是指：我們知道需要立即採取行動保護全球的未來時，卻選擇不這麼做。處於灰犀牛效應的困境中，會陷入矛盾心理，覺得改變還不是我們的責任，或者無論我們如何努力都不會帶來改變。這可能是因爲鄰近影響（大多數人從未見過犀牛），也或許是我們不了解急迫性（灰犀牛滅絕的可能性似乎是很遙遠之後的事，我們現在還無法採取行動）。所以我們沒採取行動，因爲這似乎不會影響我們**今天**的生活。然而，灰犀牛已經頻臨絕種，幾近滅絕，我們可以（也應該）爲此做些什麼。

爲什麼你可能不採取緊急行動呢？因爲急迫感與動機息息相關。爲了發掘拯救犀牛（或拯救任何東西）的動機火花，我們可以看看一個舊學派理論。

學過心理學的入門課，一定知道馬斯洛的「需求層次理論」。半個多世紀前，馬斯洛提出了我們在追求目標時，會透過五個層次的需求階段向上提升：生理需求（充足的睡眠和食物），接著是安全需求（良好的健康和財務），往上一層爲愛與歸屬感（朋友、員工或同事、家庭和浪漫的親密關係），然後是尊重（敬重和自尊），最後階段就是自我實現（實現個人目標）。①

這個理論經受時間的考驗，但仍然是一個缺乏實證證據的理論，直到二〇〇五年，蓋洛普針對馬斯洛提出的需求開始了一項長達五年、六萬多人參與的大規模生活滿意度調查。調查的結論之一是，幸福和自我實現的關聯不大，與社會聯繫比較有關。艾德·迪安納（Ed Diener）是蓋洛普組織的心理學家和資深科學家，協助設計了蓋洛普世界民意調查，他說：「研究顯示，當社會中其他人的需求也得到滿足時，人們的生活評價更高。」②換句話說，當周遭人的需求得到滿足時，你會更快樂。如果其他人在受苦，就會降低你的生活品質。因此，我們不能忽視身旁的苦難和挑戰，並期許自己充分發揮潛能。如果選擇忽視其他人（也包括灰犀牛這類生物）的需求，那我們透過意象獲得的任何益處都會轉瞬即逝。

透過建立聯繫，灰犀牛效應是可以克服的。意象有助於聯繫，讓我們能想像與他人進行對話，也讓我們眞正且實際地去理解他人。藉由思考「萬一」，你可以創造靈活的致勝態度，並以開放的心態接受新的解決方案，然後進一步建立超越自身的聯繫——那種你感受到與外在社群和世界的聯繫。

無論組織、團隊或個人，若從一個起點開始就會更有成效：先有一個願景，接著必須以終爲始，逆向工作，做出妥協並展開行動，奠立堅實的基礎。在全世界，我們開始看到一些公司做出這種有遠見的改變。福特汽車公司和其他汽車製造商增加了永續面料的使用，確保車子可以回收（福特 Focus 車款，全車有八〇%可回收）。星巴克也已展開綠色行動，眞正創造了以低碳排放和低流量水閥營業的「綠色商店」，同時將咖啡渣捐給在地社區做爲花園堆肥。

甚至連化妝品產業都在改頭換面。受歡迎的化妝品公司 Ｌｕｓｈ，所有產品皆用天然、素食原料做成，銷售的產品沒有包裝，且不進行動物試驗。然而，能有這番成果可不是一件容易的事。在改爲現名之前，Ｌｕｓｈ的前身叫 Cosmetics to Go。他們提供免郵資的郵購產品，比如藏在包裝奢華、用繩子綁起來的牛皮紙包裹內的沐浴汽泡彈。他們的產品可能看起來很棒，但使用了大量包裝。正是免郵費和包裝讓他們得以迅速成長。如今，Lush 致力於改變。他們現在有一項名爲「慈善愛心潤膚乳」（charity pot）計畫，非營利組織可以加入並贏得資金，幫助他們實現環境永續目標。

☑ 團隊 AIM 如何對抗氣候變遷的灰犀牛效應

在繼續談論永續發展和氣候之前，讓我們坦誠地談談。在氣候變遷上，灰犀牛效應已經箝制了人類，使我們處於災難性後果的邊緣。極地冰蓋正以每十年一三％的速度融化，且持續在融化，導致沿海城市開始被水淹沒。我們是怎麼知道的？從美國太空總署自一九七九年以來蒐集的衛星照片得知。③我們與環境科學家及經濟學家合作，他們曾經滿懷希望，但現在已認清，我們無法達到聯合國將全球平均氣溫升幅限制在攝氏一‧五度以內的目標。這讓世界上某些地區無疑會經歷極端高溫，導致旱災、貧窮、生物多樣性和漁業衰退，以及瘧疾等病媒傳播疾病對健康造成的隱患。

許多人認爲我們（人類）爲時已晚。他們覺得我們改變不了這場環境危機的結果。我們必須改進，否則就會死亡，如同其他物種一樣。氣候危機是人類造成的，而解鈴人還須繫鈴人。這就是爲什麼意象訓練非常重要。我們希望，教會人們想像和掌握自己的「選擇點」，有人能想像出氣候危機的解決方案，然後在一個充滿熱忱的團隊中努力，並專注地完成任務。

全球變革始於微觀層次的行動：你和你的團隊，一起想像、一起計畫、一起行動。開發AIM爲的是透過想像力將個人聯繫起來，同時培養堅持不懈的毅力，尤其在具有挑戰性的情況出現時。今天，我們不斷經歷灰犀牛效應，正處於一個面臨全球挑戰的時代。我們面臨前所未見的生存危機，高度的恐怖和空前的威脅本質造成虛無感，也導致了強烈的惰性。現在，我們比任何時候都更需要一種致勝態度來想像、嘗試、精進、改良，重新想像並再次嘗試，直到成功爲止。由於面對這場氣候危機，我們眞的別無選擇，必須成功。

爲了讓人克服惰性，我們傳授的一個對策就是，想像並描述自己敬畏的地方：在那裡，感覺自己與自然之間無比和諧。這些地方各有不同，比如「在沙灘上漫步，眺望地平線」「在夜晚凝視未知的星空」「躺在田野中，看著雲朵從頭頂掠過」。敬畏之地是你對抗不必要或無益念頭的祕密武器；想像它會讓你和自己的目標保持聯繫，也幫你進行重置，因爲那是你的情感心錨。它是有意義的，要想起它通常必須使用生動逼眞的多感官意象。

我們現在花點時間進入意象模式。首先將注意力集中在你的呼吸上；然後是你的雙腳，感受地面，感覺與它的聯繫。不要期望任何特別的事發生，只須覺察就好。想像你此刻在敬畏之地，想像它的景色、聲音、天氣、味道、氣味、你的肢體動作、觸感和情感。花幾秒鐘回想爲什麼這是你的敬畏之地。重新建立聯繫，並且詳細闡述。

保持意象模式，再次想像同一個地方，但是距離現在的五十年後。實體空間發生什麼變化，還是一切如舊？你或與你在一起的人有什麼改變？繼續停留在這個念頭、對未來的念頭幾秒鐘。現在想像一百年後的未來，但你的敬畏之地已不存在——它消失了，毀滅了。你有什麼感覺？如果我們不運用想像力來解決衝突和氣候變遷問題，它就會是事實。

你現在做的事和一直在做的事很重要，因爲你的行動決定了自己的未來和歷史。

AIM能用來克服灰犀牛效應，進而超越你的個人承諾和努力。很有效的一項練習是，使用我們剛剛引導你進行的「未來模擬」意象，增強每個人的急迫感。團隊可以使用意象想像一下，如果未來的五年、十年，他們仍舊一切照常運作，會是什麼樣子。

我們在開始輔導團隊時，通常會用非關環境的例子來引起討論。我們會提出讓人最上心的話題，比如科技，詢問團隊如果他們不採用競爭對手用來簡化工作流程的新軟體，會導致什麼情況？我們從一個情境開始：「你的團隊正考慮增加一款新的軟體。團隊的普遍看法是，採用這款程式及熟練全部功能會花費大量時間和精力。所有員工都會受益，但這牽涉到巨大的改變，我們擔心此刻可能還沒準備好。」我們請團隊想像這會對公司、團隊和他們的個人生活帶來什麼影響，同時探討與改變有關的情感和動機。

然後，我們將話題轉移到氣候上，透過探討個人對於像是回收、節能、減少食物浪費等友善環境決定的「選擇點」，檢視灰犀牛效應。我們請團隊建立自己的情境：「你們組織現在可以做什麼，成為克服灰犀牛效應的榜樣？」

此時絕大多數團隊都會討論環境因素，儘管有些團隊仍會討論科技。因此，我們請團隊想像**不**留意友善環境行爲、**不**節約用水，或者最常被提議的情境：「不共乘」。

接下來，我們提出一些問題，請各團隊進入未來模擬意象，比方說，如果他們更常與人共乘，未來會是什麼樣子：

- 上下班共乘對環境有何影響？對我們（本地）和對更大範圍的環境危機（全球）有什麼好處？
- 爲什麼這對我（或我們）很重要？
- **我**需要做什麼才能成爲這項計畫的積極成員？這對我有什麼意義？
- **我們**需要做什麼才能開始？**我們**現在準備好實行改變了嗎？我們的下一步行動是什麼？
- 這個計畫可永續發展嗎？
- 如果我們不做會怎麼樣？
- 我們能如何評斷成功或失敗？如果是用共乘的人增加或減少來評斷，我們能想像這兩種情境嗎？
- 這項計畫在五年／十年／五十年內會如何發展？
- 什麼樣的行動呢？我們從哪裡開始，里程碑又是什麼？

團隊沉浸在意象中，想像採取或不採取行動的正面與負面結果。如果時機正確，總會促使團隊制定實行計畫，然後在他們的行爲上努力。

正確時機

時機是行爲改變的關鍵；人們只有在準備好時，才會改變。你不能、也不該強迫改變，因爲除非參與者培養了個人的自主性，否則他們會故態復萌，重蹈覆轍。爲了確定人們願意改變的程度，請他們從〇（未準備好）到十（馬上開始），爲自己是否已準備立即開始評分。這些分數可以當成進一步探討的參考點：七分可能衍生一個問題：爲什麼不是五分，或者如果是九分，情況會怎樣？它們提供了團隊討論和個人反思的空間。改變開始於反思（例如：經驗告訴我什麼？），然後是熟慮（例如：這對我和其他人有何意義？）。

如果人們探究爲什麼具有挑戰性的目標引起他們的共鳴，那麼他們就會開始思考實行改變的創造性方法，這能增強他們準備開始的意願。這點很重要，因爲實現具有挑戰性目標的整個過程（從計畫、開始、奮戰到成功），以及隨後在你重新想像下一次的冒險時，都需要創造力。爲了拯救這個世界的居民，我們需要發揮創造力；爲了發揮創造力，我們需要豐富的想像力。

所以我們來想像一下，你一直在改變自己的生活來支持環保。也許過去幾個月，你一直都在堅持垃圾清理計畫。這項計畫進行得很順利，你結識了志同道合的社運人士。你在工作中感受到偉大的目的和意義，也很喜愛這個走出戶外、保持活躍的機會。你工作上的朋友表示：「你看起來很不錯喔！你在做什麼？」你對此回應：「午餐時去跑步，順便帶著我的垃圾夾去公園。」

你的朋友對你微笑。

你問：「你想加入我嗎？」

他回說：「先不要好了，也許改天吧。」

一些人可能準備好跳進來加入你的行列，也有些人還猶疑不決地試探水溫。傾聽人們的心聲，並知道他們在邁向改變之路的進展，有助於你理解、與他們建立聯繫。再次強調，正確時機是一切的關鍵。

湯瑪斯是強納森的好友，在一家大型石化燃料組織擔任營運長。他一直是氣候社運人士，大學時開始參加有組織的遊行示威和抗議活動。你可能覺得奇怪，為什麼一名氣候社運人士會為石化燃料公司工作？湯瑪斯曾懷疑自己能否從事一份靠進口「骯髒能量」賺錢的工作，不過他將自己的角色視為更大變革的核心，因為他想確保公司的經營恪遵道德規範，同時能以減少碳排放的方式營運。身為氣候社運人士和商界人士，湯瑪斯知道自己會參與關鍵決策，因此能在董事會會議室產生影響力，而不只是站在抗議標語後面。

董事會會議室通常是商定重大決策的地方，也就是公司要角達成共識之處，決策不一定在這裡產生與實行。二〇一八年一月，經過幾個月的奮戰後，湯瑪斯成功地帶領他的團隊達成共識：該公司宣布氣候緊急狀態。他們這麼做是因為意識到全球氣溫很可能超過攝氏一．五度的目標，這會對海平面和所有生物的棲息地造成衝擊。此外，該公司承認自己「明顯加劇氣候危機」。儘管這對湯瑪斯是一項大勝利（說正經的，他竟讓一家石化燃料組織宣布自己對環境的負面影響！），但針對宣布的時機卻引起了爭論。

在一次領導團隊會議上，湯瑪斯說：「我很高興我們意見一致。我們需要立即採取行動，所以行動是什麼樣子？」

其中一位同事回答：「我們先緩一緩吧，利用接下來的一、兩個月爲減少碳足跡制定一個五步計畫。」

湯瑪斯對這個回答感到困惑。他問：「我們現在能不要這麼做嗎？氣候緊急狀態似乎應該緊急處理。我們此刻能發表一些想法嗎？」

另一位同事插話：「現在？太倉促了。我們需要一些集中精力的時間。這是制定行銷計畫的大好機會，尤其如果我們效法其他公認組織的策略。」

第一位同事說：「一點都沒錯，我們必須有一個詳細的行銷計畫，在『世界地球日』那天宣布緊急狀態，同時發布大版面的新聞稿。有誰知道是什麼時候嗎？」

還有人說：「是——在四月。我預定那週要和家人約好外出，我們能延後宣布緊急狀態的時間嗎？」

湯瑪斯說：「我想此時重要的是，制定可行的策略並立即發布一些東西。最好能在一週內。」

第三位同事問：「第二十四屆締約國會議（COP24，也就是二〇一八年聯合國氣候變遷大會）是什麼時候？」」。

湯瑪斯說：「十二月。」

「太好了，我們在接下來的兩、三個月內制定一項策略，請行銷部門考慮帶來的影響，然後寫成一份文件編入公司政策。這樣，我們就不必立即開始實行了。」

湯瑪斯此刻整個沮喪到不行，他說：「有人看出這其中的諷刺嗎？」

雖然湯瑪斯設法獲得隊友一致同意宣布氣候緊急狀態很重要，但他跳過在正確時機尋求認同這個重要步驟。湯瑪斯意識到重要性和準備就緒並非始終都有關聯。針對行動計畫、政策制定及開始日期進行漫長的來回討論後，組織同意實行「對營運的重大變革，爲至關重要的永續目標努力，並立即生效」。

AIM如何幫助你找到正確時機

AIM著重合作，以及設定和實現共同目標。針對共同目標進行討論和想像，並且規畫里程碑。當目標都規畫好了，我們請團隊中的每個人對自己實現目標的能力，在信心方面、目標的重要性及準備好開始的程度進行評分（利用上述從〇至十分的等級）。

蒐集個人分數並算出平均值。在團隊內部討論分數，也能討論任何的意見分歧。比方說，如果一名成員對於準備程度評了五分，其他成員評了八分，那麼團隊將針對分數差距進行討論。對每個人的準備程度評分，然後討論每個人的看法，也許不一定能提高團隊依照集體對外的願景採取行動的急迫性，但這麼做確實能使團隊成員分享他們想（或不想）採取行動的原因。

對於準備程度拿了高分的團隊，AIM增強目標信心且提升急迫感，進而產生行動計畫。對於分數低的團隊，則顯示此時的目標並不正確，因此在重新評估重要性和準備就緒的程度之前，需要做更多功課來找到正確的共同目標。

建立狼群

在試圖推動變革的過程中，湯瑪斯是一匹孤狼，如果團隊還沒準備好實行變革，這會讓他陷入進展緩慢和受到抵制的境地。當兩匹孤狼相遇且擁有相同的目標時，他們就變成了一支（小）狼群。他們不再孤單。即便只有兩個人的小狼群，仍有可能迅速轉變思維並為目標生起動力。想像一下，一支狼群全都同樣渴望實現一個目標，會是一支勢不可擋、表現傑出的團隊。

一支強大的狼群有一個具體的目標，透過有創意的決策、行動計畫及行動，能激發出獨特的身分認同。想像身處於一支表現傑出的狼群，也許你已經是其中一分子了。這是一支「理解」的團隊，他們凝聚在一起。每位成員都被納入目的當中，個人意義與目標緊密相連，同時受到行動激勵。

我們對這個情景來做意象練習。這種團隊是什麼樣子？置身在這樣的團隊有什麼感覺？團隊成員的個性有何不同？你們的看法如何一致和不同？對於想加入狼群的新成員，有任何指導方針嗎？如果有，是什麼？

表現傑出的團隊有多樣化的思考者，毫不拘束地分享自己的觀點。團隊迅速開發成員的潛能，並營造一個富有同理心、能茁壯成長的環境，讓成員可以失敗、學習與感受到支持。

AIM如何打造狼群

AIM將團隊價值觀、信念、態度及目標密切結合。藉由提供工具讓成員以多感官詳細想像失敗會是什麼樣子，接著想像實現指標性的目標時又是什麼樣子，AIM創造了急迫感。

當使用團隊意象一起探索情境，我們發現團隊成員在努力實現商定的里程碑時，會對過程和結果更能負起責任。這使每個人將精力集中在最重要的任務，改善溝通，同時提升整個團隊的當責感。總之，透過建立歸屬感，並對超越個人目標的挑戰性目標做出承諾，AIM過程增強了團隊聯繫。

培養多元化思考，尋找創造性解決方案

琪亞拉管理世界上表現最優的避險基金之一。身爲哈佛網球隊的前隊長，她討厭失敗。當她的團隊未能在指定時間成功通過密室逃脫遊戲體驗時，令她感到困惑。擁有成

長心態的琪亞拉，想從錯誤中學習並再次嘗試，於是問密室逃脫遊戲館經理：「有人成功脫逃嗎？如果有，他們大概是什麼樣的人？」

他說：「有啊。有創意的思想家、藝術家、音樂家和作家，這群人成功逃脫了。傾聽和合作非常重要。」

琪亞拉的故事說明：不同思考者在支持性環境合作的重要性。從醫療保健到環保，如果要爲當今日益嚴重的問題找到解決方案，我們必須拓展思路，邀請那些破框思考問題的人加入。人性使我們傾向於更喜歡與志同道合的人在一起，但只有帶著批判挑戰自己的思維與創新，才能解決我們的問題，而方法就是敞開大門，接納來自不同背景、挑戰我們觀點、同時支持我們目標的不同思想家。

我們輔導軍隊時，沒有人談論上帝和國家。當我們詢問士兵爲什麼從軍時，他們通常會說：「因爲工作穩定」「想結識志同道合的人」或「爲了環遊世界和學習一門技能」。我們還沒聽過士兵提到是爲了上帝、女王、總統或保衛自己的國土。討論目標時，我們探討所有人（士兵和研究人員）如何與一個目標聯繫在一起，儘管我們來自不同背景且思考方式不同。我們**全都**有一個共同目標，這帶來休戚與共的目的，並創造了我們最初的關係。隨著我們的關係在幾週內變穩固，以及因爲建立關係與意識到每一位團隊成員的重要性，狼群的動機也隨之增強。

優秀的團隊認爲多元化的思考、個性和背景是必要的。我們都有各自獨特的技能和經驗。思考方式的差異，加上與眾不同的特點，使我們能找出自己的獨特性。這讓我們即使在團隊中追求目標，也認同團隊的身分，但還是能意識到自己個人對目標所做的貢獻。隨著我們意識到自己的團隊身分時，念頭和性情也會演變，並使我們以一個整體進行有創造性的思考。這種互動在狼群中不可或缺，因爲每個人都會帶來新的視角，可以用來加強集體克服挑戰的方法。

在作戰訓練中，士兵必須朝目標前進，在多元化的思考和個性中，有些人喜歡下達指令和指揮行動流程，有些人想審視計畫及檢查持續取得的進展，有些人喜歡制定計畫、但不參與演練，有些人則希望繼續演練，不聽人對他咆哮。不論士兵喜歡什麼，從計畫到功能性演練，他們的偏好對部隊如何操演至關重要。

AIM如何激勵多樣化的思考

在舞團開發新的舞蹈編排時，意象訓練能提升創造力及靈活的思考。④參與一項研究的舞者在六堂課期間，學到多感官意象，並分組探討動作，進而設計了具體、創新的編舞構想。結果顯示，分享不同的想法與使用意象能產生新穎的概念，同時增強靈活思考。

我們在團隊中使用AIM時，各別成員都提到心胸更開放，也更積極了，他們也留意到AIM提供了一個平等的舞台，讓所有人共同規畫活動。如同我們在第7章描述的，與軍隊合作過程中，士兵藉由接納不同的視角討論計畫，比如思考敵人可能會做什麼。他們會先想像計畫A、計畫B及計畫Z，然後商定團隊的最佳策略。這就是多元化的批判性思考發揮重要作用的地方。在團隊制定了最適當的計畫後，每位成員都接受自己的角色（比方說，士兵A：「你在位置二掩護我時，我會繼續前進到位置三，然後攻破入口點。」）接著，他們對計畫做出承諾（比方說，士兵B：「我會從位置二配合前進，我們都承諾採取這項計畫？」）最後，他們將計畫付諸行動。

實現團隊目標的多元化思考者，通常看得比目標更遠，同時考慮到有助於支持當地社區的方法。我們經常在籌畫社區募款活動（如五公里路跑或家庭日等），或自願在施粥所或食物捐贈處服務的團隊中看到這種現象。這些想法往往是擁有創造性願景的孤狼想到的，當他與狼群合作時，因成員間的聯繫感就獲得了動力。

你的狼群如何判定團隊統一目標的進展？一支有驅動力的狼群在追求總體有意義的目標時，會決定朝目標前進的速度。狼群帶著活力與熱情，透過制定創造性解決方案並付諸實行，將注意力集中在目標上。團隊合作如果做得好時，就會產生既努力付出且聰明工作的文化，進而成爲團隊執行任務的準則。

犧牲

回想你爲實現目標而做出犧牲的時候。也許你完成了學位，獲得技術資格證書，或從事一項業餘愛好。當我們說「犧牲」，並不是指你非得做出妥協，比如每天下午五點準時下班，因爲你的老闆是控制狂。恰恰相反，我們說的是你的新日常、新常態的必要組成部分，且成爲生活依循的事。這種犧牲經常發生在體育運動中。我們見到運動員犧牲社交生活、家庭活動、收入和睡眠。我們詢問他們爲什麼做這麼多犧牲時，他們會說：「這只是身爲運動員的一部分。」也許你是一匹孤狼，或者也許你有一群狼。不管怎樣，爲了實現需要努力才能實現的目標，你必須做出明確、刻意的犧牲。

當然，在你改變自己的行爲時，犧牲起初會令人感到不舒服。創造新的常態應該會讓人感到困難，因爲這挑戰了你的自動化思維。這種犧牲感通常表現成錯失恐懼症（FOMO）或更佳選擇恐懼症（FOBO）：擔心是否要選擇一種行動，而不是另一種可能帶來立即滿足的行動。比賽前你會參加派對，還是留下來與隊友在一起？一旦你接受自己的身分需要做出某種特定的犧牲，例如：「我是醫生，這就需要有時上夜班，也沒有交際時間」，它就會成爲一種認知和行爲的規範。

制定共同規範和身分認同是狼群組成過程的一部分。不同的思考者欣然接受這些特質的時候，往往會產生一種「行動呼籲」，這就涉及犧牲。舉例來說，自願支持一個慈善團體，可能因此必須在週末抽出時間，這是你透過無私行爲想像團隊合作而刻意做出的犧牲。

這種利他意識與你的目的和意義聯繫在一起時，能使你迅速把握自己的「選擇點」，並從破壞性的錯失恐懼症或更佳選擇恐懼症的意象（比如吃掉杯子蛋糕）轉變爲有建設性的意象（終於又能穿上你最喜愛的衣服）。

AIM如何促成刻意的犧牲

與奧運會運動員合作的過程中，我們發現團隊認同會產生特定的行爲，這些行爲是依據團隊慣例（例如：提早到達訓練場地）、集體態度（爲了成爲最優秀運動員，必須做出犧牲）和團體期望（給予隊友有建設性的回饋）而形成的。這些行爲會成爲常態做法，也往往導致犧牲或接受新的行爲。每當你朝目標努力時，無論獨自一人或在團隊中，犧牲都必須是每個成員爲了未來利益而做出的自主選擇。

馬里歐是義大利游泳運動員，由於被重新安置到該國最好的游泳隊，因此搬進了與其他四名表現優異的游泳運動員合住的公寓。在這些室友中，接受過AIM訓練的運動員建立了爲長期目標努力的規範。他們想像在促進健康時，共同生活可能遭遇的障礙。主要障礙是找到堅持健康飲食計畫的方式。他們決定了一些基本規則：首先，不吃麵包之類高碳水化合物食物，因爲他們認爲麵包不是游泳的最佳燃料，所以吃麵包違背他們健康飲食的集體價值觀。對他們來說，不吃麵包只是小小的犧牲，卻能在運動表現上帶來巨大差異。他們改吃燕麥、糙米和大量蔬菜，總是互相對彼此的飲食負責。他們稱此爲「乾淨飲食」。至於「高碳水化合物」，比如白飯、有些麵食，以及任何從麵糰開始製作的食物，都被歸類爲「不淨飲食」。馬里歐停止吃所有「不淨」的東西，並盡自己本分讓游泳隊的其他人也當責。

當一個團隊成爲狼群時，他們對目標的承諾會激勵其他人投入心力。這就是所謂的「人才溫床」。⑤溫床是志同道合的人一同訓練、學習、競爭和成長的地方，懷著相似的目標，他們制定了具有感染力的規範。如果組織允許這樣的機會，這些規範（即狼群規範）就會形成將每個人聯繫在一起的文化。

規範也塑造了企業團隊。我們請企業團隊的成員列舉他們最近做出的一項刻意犧牲。名列榜首的是：決定將空房間或多餘空間改造成可以在家工作的辦公室。你可能覺得這不是多大的犧牲，但將住家環境變成工作場所，據幾名員工說，這「增加壓力且降低工作效率」。

我們詢問團隊在做出這種刻意的犧牲時，能如何創建團隊規範來改善工作量。他們規定了「無Zoom星期五」和「星期三的創意下午」（「想和我一起做專案嗎？這是星期三的常態！」），以此塑造團隊聯繫及歸屬感，並重新掌控壓力和工作效率。刻意的犧牲促使團隊採用新的規範，進而讓犧牲變得易於管理。在做出獨立選擇的同時（比如何時關掉你的電腦攝影機），又與他人維持聯繫，這能透過意義（個人的重要性）提高自主權。就希望改善在家工作經驗的團隊來說，是否有機會參加創意下午取決於個人，但首先必須提供機會。機會和環境必須適當，在人們看見活動的價值和意義時，它就會成爲他們日常工作的一部分，一種規範就誕生了。

馬里歐迅速改變自己的飲食習慣，不僅爲了適應新的室友，也因爲這是提升自己運動表現的明智途徑。他「看見」做出犧牲的價值，因爲這與他對游泳的熱情有關。每當遇到「選擇點」時，馬里歐就會運用這種覺察：他可以放慢下來，記住吃不健康的食物與他的價值觀和選擇的行爲牴觸，而不是屈服於一時衝動的誘惑。

時空旅行：扼要重述與檢討

我們在訓練個人與團隊時，帶領的最後一次研討會包含意象時空旅行，因爲我們會扼要重述參與者學到的技巧，並對他們的敘述進行檢討。最後這一小段時間把我們帶回整個過程的原點，透過使用這些技巧及再次想像改變——這個改變不只是以個人或團隊爲主，而且超越了參與者，因爲它著重於誰可能承擔他們的角色，甚至我們的星球。

此時，我們經常發現個人和團隊已經開始以超出自己最初目標的方式進行想像，並發現到使用意象的眞正價值。對於每個人和每個團隊來說，獲得這些益處的時間各不相同。我們合作過的團隊，有的短短六週就實現目標，有的則需要一年以上。AIM提升了歸屬感，而感受深層聯繫需要時間。如果給予時間，人們就會做出犧牲，了解多元化思考的重要性，並產生更強的急迫感。

我們帶領的最後練習內容是時空旅行與講述新的故事，這兩者都能增強動機，進一步調整以目的爲主的目標，讓這些目標超越自己周圍的圈子，進入我們的外部社群，而且超越我們的一生。

時空旅行是可能的。事實上，我們一直在做這件事。當我們懷舊時，就是在時空旅行。當我們焦慮地思考或滿懷期待自己的未來時，這就是時空旅行。我們每天都在腦海中時空旅行，有時它可能令人害怕或悲傷，比如在想起過去經歷時，苦樂參半地回憶「美好的舊日時光」。無論你的思緒飄到哪裡，心理的時空旅行都與你的情感有關。因爲AIM的目的就是**超越你最初的目標和期望**，所以我們利用這些情感聯繫，在當下設定有益的行爲，這樣自己的未來就會比想像中更美好。

在我們未發表的一項研究計畫中，將目標對象轉向下一代。我們詢問來自三所學校的二百九十四名學生，他們平均年齡在十四至十九歲，請他們對自己能影響氣候變遷的信心進行評分。我們使用的分數等級爲一（絕不可能！）到十（絕對可能！），他們的集體評分是二．四。接下來，我們詢問他們若組成一個團隊，整個團隊是否可能影響氣候變遷。我們得到相似的結果：平均分爲二．六。這令人擔憂。

我們請老師成立一個學生永續發展委員會。老師不能強迫學生參加，學生必須自行選擇。我們與二十九名自願參加的學生見面（約略分成五個不同的小組），並請他們做三件事。

首先，我們讓他們討論爲什麼做出與環境相關的永續發展決定很重要（或不重要）。這需要寫日誌、向小組回報他們的發現。其次，我們評量了他們的意象能力並教他們如何改進這些技巧。然後，我們教他們如何進行心理時空旅行。

我們讓學生找到自己的敬畏之地，例如：在山頂或海邊，感受風、溫度、傾聽人們交談、感覺彼此相連。接著，對於他們現在的敬畏之地，以及如果沒有採取任何行動來扭轉氣候變遷，同一地方在一百年後會是什麼樣子，我們讓他們做心理對比。同時，我們請他們在日誌中寫下自己多常想到永續發展和氣候。這成爲他們的思想日誌。最後，我們請他們承諾堅持做一件與環境永續發展有關的事情，比如資源回收。無論想做什麼，都由他們決定。

幾週後，我們再次與學生見面。他們針對自己學到、改進及實行的事，給予我們回饋。整體來說，他們做出更有意識、更明智的選擇，而且在實行過程中發揮創意。名叫露西的學生開始洗冷水澡，目的是如果水溫令人難以忍受，她會洗得更快，因而減少用水。另有兩名學生建造了蜜蜂旅館，九名學生攜帶環保杯。所有人都按各自情況積極實行，但接下來發生的事更有趣：他們組成了狼群。

學生永續發展委員會爲他們的學校帶來了變革。洗了十五天冷水澡的露西（天數還在增加中）向自己學校的行政人員請求，是否能將所有學生淋浴的水溫調低一點。建造蜜蜂旅館的學生與自然科學系合作，建了更多這種旅館並放置在校園各處。學生集體和學校的領導團隊合作，清除一次性塑料製品。他們還與自助餐廳的工作人員合作確定餐點分量，減少食物浪費，其中一個小組甚至張貼布告，提醒老師在不使用時關閉電燈和電腦螢幕。

學年結束時，我們再次向最初的二百九十四名學生提出同樣的兩個問題：從一到十分，你認爲個人能影響氣候變遷，以及你的團隊/學校能影響氣候變遷嗎？兩個問題加總的得分高達七·四。這群學生不僅是一支行動部隊，還是關注緊急行動的一支狼群。

如果這些學生透過腦海中的時空旅行完成這麼多事，想像一下你能做什麼！

結語

開始體會到意象的超能力

你不可能對周遭世界沒有任何影響就過完一天。你做的一切都會帶來改變，而你必須決定想帶來什麼樣的改變。

——珍古德，生物學家

喬安娜和女朋友開始了一項新的慣例，克制所謂的「餐桌上的火氣」，這個詞是她們看了布萊克．泰勒的著作《我ADHD，就讀柏克萊》（*ADHD and Me: What I Learned from Lighting Fires at the Dinner Table*）後開始使用的術語。這個慣例需要一盒問題卡，餐桌上的每個人都有機會抽一張卡片，並大聲讀出來，然後等待所有人的回答。（當然，四歲的瑞德讀卡片時需要一些幫助。）有個星期一晚上，經歷辛苦的一天後，喬安娜抽出一張卡片，上面寫著：「你會讓小事影響大事嗎？」

「會」「會」「會」「會」。

「誰不會呢？」九歲的安德魯補充道。

接著，小瑞德出聲表示不同意。

「不、不，我不會！」他說。大家笑了起來。雖然他可能還不太懂這個概念，但他的回答讓喬安娜和伴侶覺得很眞誠。他們有一次飛往猶他州的航班延誤，航空公司還弄丟他們的一個滑雪袋，造成他們凌晨一點被困在機場，當時瑞德竟然很平靜，還高興地指著月亮和積雪蓋頂的群山。

當其他人疲憊不堪、脾氣暴躁時，瑞德卻在路上四處張望，心中充滿好奇與敬畏。

我們寫這本書的用意是幫助你重回內在四歲孩童的想像力，超越眼前的不舒服，才能放眼更廣闊的世界，並與眞正重要的事聯繫起來。我們的目標是讓你了解，你的內心蘊藏著一種力量，能幫助你洞察全局，避免讓小事阻礙你實現自己的夢想。

我們希望你能利用本書提供的資訊，使自己有意識地選擇關注點。你會選擇將焦點放在丟失滑雪袋的意象，與伴隨而來的情緒嗎？還是，你會把注意力改放在雄偉壯麗的群山和它們帶給你的敬畏感呢？

幾天後，滑雪袋出現了。正如喬安娜所說：「我們的念頭沒有一個能改變結果，也無法改變找到袋子的時間，但由於瑞德的話改變我們的觀點，而我們的念頭**確實**改變了自己的經驗。」如果不是瑞德，喬安娜一家人可能會陷入消極狀態，也就此錯過在當下欣賞令人驚嘆的落磯山脈。

你可以選擇關注失去的或得到的，這取決於你。

你已和我們一起踏上自我發現之旅，從反思開始，確立自己的價值觀、目的和意義。這是很重要的起點，因爲它是你如何看待及理解世界的內在指南針。一旦你與更深層的意義產生聯繫，就能承諾並保持實現目標的動力。

預期會發生什麼事

有意義的改變是漸進發生的。一旦你開始關注每天遇到的大約六十個「選擇點」，就會發現自己有很多機會選擇朝著目標前進。

既然已經讀過本書，你可能注意到自己更能覺察「選擇點」的出現，因爲更清楚意識到內心的喋喋不休。你的後設認知——也就是你思考自己想法的方式，很可能會變得高度敏銳。這不僅正常，實際上也是預期的結果。你可能會發現自己思考這樣的事：「我在爲自己不跑步找藉口。我發現這點了，也想改變它。」

除了更清楚覺察到內在的自我對話，你的意象也可能更加生動了。藉由運用新的意象技能對念頭詳細闡述和演練，你會持續不斷地改進想像未來及自己想過的生活的能力。練習得愈多，想像就會變得愈清晰。隨著你精進，就愈能體驗到與成爲自己想成爲的人有關的情感，那是一個始終都按照自己的價值觀、目的和意義行動的人。最終，你的意象練習會帶來一種應對挑戰的新方式。當你爲最重要的事努力時，會對改變培養出一種靈活的態度。

在掌握任何技能時，一開始注意到挑戰是很正常的。在改進自己的方式與練習在「選擇點」出現的當下掌控它們之前，你可能會發現，意象練習感覺笨拙且困難。任何有價值的事都伴隨著挑戰。對意象的熟練程度，取決於你練習、應用和學習的意願。

我們的工作最令人滿意的部分是，看見人們投入精力和時間在意象和改變上。每個人的步調不同，找到你自己的並**相信它**。發現最適合自己的方式，可能需要時間，特別是當你覺得與自己的價值觀脫節或受到過去經驗的限制時。花時間與激勵你的事建立聯繫。眞正深入探究，挑戰自己的負面念頭，你會發現，能做到的事比自己想像的還多。

多年來，我們一直在開發及改編FIT和AIM，也發現過程中有一些不容妥協的因素——無論是個人或身爲團隊的一員，想掌握「選擇點」，你一定得做的事。這些因素依序爲價值觀、信念、態度、認知（意象）和行動，它們是我們在最後一堂課與個案一起檢討成果時所使用的基本要點。我們將這些要點稱爲「忠於自己原則」。這些原則也是我們想留給你的核心課程。

價值觀是你的「選擇點」外卡

如果有人問：「你的價值觀是什麼？」你會怎麼回答？現在，我們希望你能輕鬆找回自己的核心價值觀，因爲從第 2 章開始，你就一直在思考它們的重要性。你的價值觀是自己公開展露，並自豪地與他人分享的東西。依循自己的價值觀生活，可以讓你避免失衡的感覺。一個重視健康、但每天抽菸喝酒的人，就生活在內心衝突的狀態中，每一根香菸都會帶來一個「選擇點」。

一個與自己價值觀緊密聯繫、每天也按照這些價值觀行動的人，我們知道他更可能堅持挑戰重重的目標，並在逆境來襲時堅持不懈。你的價值觀是自己的「選擇點」外卡：在人生的賽局中，隨時都能用它們來跨越任何障礙。

在團隊中，價值觀仍然至關重要，因爲它們建立了聯繫與期望。如果請你和團隊列舉共同和獨特價值觀，以及略述共同目標，你們辦得到嗎？你的團體是獨一無二的，有自己的身分，也創造了所有成員共同運作的生態系統或文化。當你的個人價值觀和周遭團隊成員的價值觀，在與組織的價值觀及共同目標結合時，就會創造團隊優勢，使你們與眾不同。了解團隊優勢會讓每個人朝同一方向努力，也會協助你們發展出透明的工作流程。

第一課：準備好你的價值觀。
它們是你的生活準則，
也是顛覆形勢的關鍵。

態度勝過信念

你的信念、當前的心態，是從過去的經歷產生的，它們又會驅使你對未來可能變化的感知。這就像一名撲克牌玩家根據之前手上的牌、牌堆裡未翻牌的可能性，判斷手中的牌。舉例來說，如果你在運動和減重方面成效不彰，就會形成固定信念，認為自己對改變無能為力，這是可以理解的。但是，你可以一邊抱持這個固定信念，一邊仍舊在改變上取得進展。

強納森在十年前開始檢測與訓練心態時，他發現有些奧運選手認為自己無法改變天賦水準，但他們擁有靈活態度、韌性及熱情。他們說：「我以為自己無法進步，但我不斷努力，就變得愈來愈好。」他們的態度戰勝了信念，同樣的事也可能發生在你身上。

思考「萬一」時，最好的態度是以樂觀的方式來設想問題。不管在某一時刻的心態有多正面或負面，你都得勇往直前。正是這種念頭將你的價值觀與想像改變的可能性聯繫起來。這就是為什麼這麼多人買樂透，儘管他們每週都沒中獎。你要麼買，要麼不買（並不是說我們支持買樂透）。買樂透不是根據合乎邏輯的信念和心態，而是基於態度，且一般投注的人會說：「管它的！想像一下，如果我中獎了！」

信念，無論源於成長心態或定型心態，無論是個人抱持或集體共有，都會隨著態度改變。致勝態度為努力和想像創造了空間，這裡也是好奇心和挑戰的所在之處。我們會在孩子玩耍時對他們說：「就試一試吧！試試看！」當他們堅持不懈地努力學習時，我們看見他們被激起的好奇心。在嘗試的過程中，他們的「選擇點」也在形成。

就自身而言，我們需要持續保持好奇心與決心，讓大腦去想像各種可能性，這些可能性來自於不畏困難、勇於嘗試的靈活態度。這就是我們如何重塑「選擇點」的方式：堅持正確的小選擇，使自己總是能更接近目標。

好奇心可以增進合作，而且爲新想法留空間。擁有好奇心需要放下認定自己是對的或是專家的執著，轉而擁抱風險，說出：「我樂於傾聽你的看法。」就連有史以來最優秀的網球運動員，也由於有靈活、致勝的態度，因此能從初學者身上學到東西。

娜拉提洛娃曾指導喬安娜的朋友潘發球。完全不打網球的喬安娜注意到潘在發球時會移動雙腳，而娜拉提洛娃的腳就穩穩貼緊球場。喬安娜能看出娜拉提洛娃忽略了這個細節，因爲她站在潘的旁邊看著她的上半身。

喬安娜對娜拉提洛娃說：「我覺得問題出在她的雙腳。我很好奇，如果妳從我坐的地方看，是否也會看到。」

娜拉提洛娃看起來很生氣，但順應了喬安娜，走到她坐的地方看潘發球。

娜拉提洛娃說：「哇，妳說得沒錯！」

你的正面態度與別人的正面態度相結合時，會創造致勝的團隊態度。無論是個人或團隊，都不要用僵化的方式束縛了自己的思維，要改用追根究柢的精神進行觀察，成爲好奇的研究者。這種致勝態度能營造學習文化，提高工作效率，並造就了人才成長的環境。

第二課：抱持學習的好奇心。
這是你和團隊靈活與致勝態度的關鍵。

意象需要詳細闡述

俗話說：「人生不是一場彩排。」但有了意象，你就擁有能讓自己做一些彩排的工具。正念和冥想能使人對當下產生覺察，而意象訓練是爲即將降臨在你身上的事做準備。騎馬時，如果只專注於前面的柵欄，你就會在躍起後落地的同時迷失在賽道上。優秀的騎師會設定配速、判斷距離、投入比賽，然後注意**下一步**。在起跳**之前**，他們知道之後是要直行，還是左轉或右轉。

帆船運動員會觀察的風，是遠處即將吹襲他們船隻的風，然後順著風向看看**下一步**該往哪裡前進。類似情況也發生在賽車運動中，像安迪．普里奧克斯（Andy Priaulx）等專家會教導駕駛「往彎道的更遠處」看。

使用意象時，最好能用三種以上的感官進行詳細闡述，同時加入情感，這能讓你詳細思考更遠處的事物。

第三課：使用意象時要詳細。
這是你的彩排。

練習意象，保持既定方向

到這裡，你應該已嘗試過、也以任何你覺得最適合自己的方式使用LAP（找到提示、啓動意象和堅持計畫）。提示（語言或肢體）會觸發念頭，進而導致行爲。你的提示很重要，尤其當你把它們與意義搭配在一起時。如果要依循這本書中的科學方法並多加應用，我們希望你至少能將兩件重要的事融入你的日常生活。首先，設定一個初始提示（比如早晨的咖啡香味），進入積極的意象模式，這能讓你在事情發生前生動逼眞地體驗到未來細節。

其次，當你失誤時，利用另一個提示，比如深呼吸，重置你的念頭，並透過將行動與價值觀密切結合，重新回到既定的方向。或者，也許你可以選一個無論在哪裡都能輕鬆做到的提示，因爲它不需要特定的物品或氣味。它總是輕而易舉地就能用上。在本書中，我們建議你停止正在做的事，深吸一口氣，屏住兩秒鐘，然後慢慢吐氣。我們選擇這個提示，是因爲呼吸永遠伴隨你。不過，如果你覺得其他方法更適合你，那就用那個方法吧。記住，你才是自己故事的主角。

在練習LAP這個方法時，你會迅速改變自己的思考方向。我們發現大多數改進並養成意象練習的人在面臨「選擇點」時，都能輕鬆地詳細闡述自己想要的，而不是不想要的。嘗試利用適合你的提示；只要記得將它們與自己的價值觀聯繫起來，因爲這些提示除了會啓動你的動機意象，也會觸發情感。

在團體、團隊及組織中，將AIM當成爲挑戰做計畫的正規方法，是有益處的。意象有助於組織生態系統建立宏大的願景，也有利於團隊創建他們的微觀世界，在挑戰出現前，制定應對流程來保持迅速恢復的能力。

你和團隊可能已經在自己的組織中做過類似的事情。你可能偶爾召開策略會議，在威脅發生前做好應對計畫，但很少見到團隊每週都這樣做。雖然這樣做可能耗費時間及大量精力，但我們仍建議你每週與組織一起練習正規的意象規畫。好處大過代價。時間一久，你會注意到自己和團隊成員的工作效率顯著提高，個人平衡與睡眠獲得改善，還有整體壓力減少了。

在所有情況下，無論你是個人或在團隊中使用意象，共同的目標與承諾計畫的過程，會激發人採取行動。光是聚在一起討論目標的行動，本身就是一種介入。當你們在定期安排的會議中討論目標時，會議本身就成了一項提示。隨著大家產生期望並朝有規畫落實的當責努力，這也為意象創造了空間。

第四課：覺察你的提示。
利用它們啓動你的意象。

遵守你的原則

對個案的最後一次授課中，我們會請他們反過來傳授他們所學。他們通常會從討論自己的價值觀開始，談到有些信念為什麼會變得根深柢固，但他們的靈活態度使自己能付出努力、探究新的目標，並讓自己得以想像新的可能性。我們為個案安排的最後任務是：下決心承諾三種行為。

強納森曾問一名他輔導過的執行長：「如果要依循自己的價值觀生活，你會毫不妥協地做哪三件事？」

執行長回答：

我的第一個價值觀是家庭。我需要關注的就是在當下全心全意與家人在一起。我有一個目標，就是每天牽女兒的手，讓我們關係更緊密，也更全心全意陪伴。沒有電話、不打電話，就只是全心在當下。第二個價值觀是友誼，我堅持每週二上午與朋友聚會，感覺與其他人有更多聯繫。我最近取消很多次聚會，這讓我覺得與朋友脫節。如果友誼是我的核心價值觀，我就需要堅持參加聚會。我的第三個價值觀是健康和平衡，兩者相輔相成。我真的很喜歡跑步或晨泳，一週四次戶外活動讓我感覺更像自己，也更健康。

「你可以始終遵守這些價值觀和行動，不做妥協嗎？」強納森問道。

執行長說：「可以，這是我一直在努力的事，但現在我已經說出來了，我能想像自己遵守這些價值觀，以及它們爲我這個人帶來怎樣的感受。」

我們不在課程一開始就要求個案遵守自己的價值觀，這在一開始會是沉重的要求。相反的，我們首先專注於一個目標，然後透過許多的反思、念頭的醞釀、意象技能的改進及具體的刻意應用，達到遵守自己價值觀的目的。例如：心在當下和活在當下，就需要自我發現與管理注意力的能力。

我們把行動呼籲交由個案及團隊來決定。他們寫出自己的行爲承諾，我們就在簡短的總結後抽身出來。

如同輔導個案的做法，我們現在也給你最後一項任務：寫下你的三個行爲承諾。請隨意使用以下的範本，並將答案寫在你的日誌裡，我們希望你的日誌上有滿的筆記。這些承諾可以是每天或每週的行動。對於每一個行動，都花一些時間想像怎麼執行它。詳細闡述爲什麼它很重要，以及爲什麼你準備好立即開始。

一、我的價值觀是＿＿＿＿＿＿，我會＿＿＿＿＿＿。

二、我的價值觀是＿＿＿＿＿＿，我會＿＿＿＿＿＿。

三、我的價值觀是＿＿＿＿＿＿，我會＿＿＿＿＿＿。

寫下自己的承諾，這樣就夠了。盡全力去遵守它們，用多感官詳細想像**爲什麼**它們爲你或其他人帶來目的。遵守這三個常規或行爲承諾，會定義你是誰。

第五課：透過建立三個承諾，用你的行為體現心在當下。

總結

了解自己的價值觀。

抱持學習的好奇心。

使用意象時要詳細。

覺察你的提示。

用你的行為體現心在當下。

接下來呢？

雖然輔導意象是新的，但FIT不是。研究和開發FIT與更近期的AIM的團隊，都已順利完成準確度檢測或品質保證試驗的過程。我們確信每位研究人員都是以高標準進行嚴格檢驗。如果你想成爲意象訓練的輔導者，我們開發了一系列經國際教練聯盟（International Coaching Federation）認證的訓練途徑和方法。

當然，本書並不會讓你變成FIT或AIM的輔導者，或成爲意象教練，但它確實爲你和團隊提供了工具，可以應用我們的方法，也就是我們如何使用FIT和AIM的第一手資訊。我們使用FIT和AIM，是根據研究、開發及生活各領域的大量應用實踐。更多資訊，請見：www.imagerycoaching.com。

在閱讀本書前，無論在工作、友誼、家庭或健康方面，你可能覺得自己好像尚未達到想要的目標。你可能對腦中的念頭和意象感到無能爲力。現在，你擁有控制遙控器和選擇頻道的工具，有機會成爲人生中的司機，而不是乘客。我們的許多個案將他們的意象能力稱爲「超能力」。我們很贊同。明智地使用它，將會改變你的人生。我們希望你開始體會到它的魔力。

致謝

本書以功能性意象訓練的研究及我們的應用爲基礎，將動機式晤談與意象結合。十分感激普利茅斯大學心理學院提供訓練和研究指導，使我們得以成爲這個方法的輔導者和開發者。

由衷感謝我們的經紀人 Eileen Cope 及發行人 Lauren Marino，給予我們兩人初次擔任作家的機會。還有我們的寫作教練 Maya Hoffman和 Robin Colucci，感謝你們的指導、耐心及大力支持，使我們的觀點少了「教科書味」，還讓我們保留一些笑話。

來自喬安娜

我要感謝朋友和家人的愛與支持，尤其是九十五歲的父親和九十一歲的母親，教會我堅毅的精神；感謝我的個案，信任並將想像力託付給我；感謝我的治療師 Roberta

Shapiro，鼓勵我勇於冒險到英國接受 FIT 訓練，而且就在我覺得自己已經崩潰的時候，仍堅信我會找到寫作的勇氣。

來自強納森

二〇二一年，我完成了第一百個研究計畫的指導工作。意識到這點後，沒有香檳時刻，當然也沒有讚揚，有的只是下一個計畫。就是這樣。本書主要獻給成千上萬的研究人員、教授、老師和參與者，他們激勵了其他人開展計畫，推動知識的進步（包括那些因同儕審查可能帶來麻煩而未順利發表研究成果的人）。你們是教育界的無名英雄，謝謝你們！

最後，感謝我所有的朋友和家人的支持，尤其我的太太 Katie 和兒子 Rory（我們一起組成了羅茲團隊）。你們的愛、耐心與仁慈，令我感激不盡。我希望現在，也就是讀完這本書之後，你們會清楚知道我的工作。

參考文獻

第 1 章　從心理叛變到動機意象

1 Tseng, Julie, and Jordan Poppenk. "Brain meta-state transitions demarcate thoughts across task contexts exposing the mental noise of trait neuroticism." *Nature Communications* 11, no. 1 (2020): 1–12.

2 Baumeister, Roy F., Ellen Bratslavsky, Mark Muraven, and Dianne M. Tice. "Ego depletion: Is the active self a limited resource?" In *Self-Regulation and Self-Control*, pp. 16–44. Routledge, 2018.

3 World Health Organization. "Obesity," June 9, 2021. www.who.int/news-room/facts-in-pictures/detail/6-facts-on-obesity.

4 Solbrig, Linda, Ben Whalley, David J. Kavanagh, Jon May, Tracey Parkin, Ray Jones, and Jackie Andrade. "Functional imagery training versus motivational interviewing for weight loss: A randomised controlled trial of brief individual interventions for overweight and obesity." *International Journal of Obesity* 43, no. 4 (2019): 883–894.

5 Human Connectome Project. "1200 Subjects Data Release," March 1, 2017. www.humanconnectome.org/study/hcp-young-adult/document/1200-subjects-data-release.

6 Tseng and Poppenk. "Brain meta-state transitions demarcate thoughts."

7 Suárez-Pellicioni, Macarena, María Isabel Núñez-Peña, and Àngels Colomé. "Math anxiety: A review of its cognitive consequences, psychophysiological correlates, and brain bases." *Cognitive, Affective, and Behavioral Neuroscience* 16, no. 1 (2016): 3–22.

8 Rhodes, Jonathan, Karol Nedza, Jon May, Thomas Jenkins, and Tom Stone. "From couch to ultra marathon: Using functional imagery training to enhance motivation." *Journal of Imagery Research in Sport and Physical Activity* 16, no. 1 (2021).

9 Nedza, Karol, and Jon May. "The impact of Functional Imagery Training on adherence to treatment, completion of rehabilitation exercise plan and confidence in recovery in sports therapy patients: Pilot study: Oral Presentation B5.6." *Health and Fitness Journal of Canada* 14, no. 3 (2021).

10 May, Jon, Jackie Andrade, David Kavanagh, and Lucy Penfound. "Imagery and strength of craving for eating, drinking, and playing sport." *Cognition and Emotion* 22, no. 4 (2008): 633–650.

11 Kahneman, Daniel. *Thinking, Fast and Slow*. Macmillan, 2011.

12 Leahy, Robert L. *The Worry Cure: Seven Steps to Stop Worry from Stopping You*. Harmony, 2006.

13 Baddeley, Alan D., and Graham Hitch. "Working memory." In *Psychology of Learning and Motivation*, vol. 8, pp. 47–89. Academic Press, 1974.

第2章　功能性意象訓練

1 Miller, William R., Cheryl A. Taylor, and JoAnne C. West. "Focused versus broad-spectrum behavior therapy for problem drinkers." *Journal of Consulting and Clinical Psychology* 48, no. 5 (1980): 590.

2 Miller, William R. "Motivational interviewing with problem drinkers." *Behavioural and Cognitive Psychotherapy* 11, no. 2 (1983): 147–172.

3 Miller, William, and Stephen Rollnick. *Motivational Interviewing: Preparing People to Change Addictive Behavior.* Guilford Press, 1991.

4 Rubak, Sune, Annelli Sandbak, Torsten Lauritzen, and Bo Christensen. "Motivational interviewing: A systematic review and meta-analysis." *British Journal of General Practice* 55, no. 513 (2005): 305–312.

5 Lundahl, Brad W., Chelsea Kunz, Cynthia Brownell, Derrik Tollefson, and Brian L. Burke. "A meta-analysis of motivational interviewing: Twenty-five years of empirical studies." *Research on Social Work Practice* 20, no. 2 (2010): 137–160.

6 Kavanagh, David J., Jackie Andrade, and Jon May. "Imaginary relish and exquisite torture: The elaborated intrusion theory of desire." *Psychological Review* 112, no. 2 (2005): 446.

7 May, Jon, Jackie Andrade, Nathalie Panabokke, and David Kavanagh. "Images of desire: Cognitive models of craving." *Memory* 12, no. 4 (2004): 447–461.

8 Andrade, Jackie, Marina Khalil, Jennifer Dickson, Jon May, and David J. Kavanagh. "Functional Imagery Training to reduce snacking: Testing a novel motivational intervention based on Elaborated Intrusion theory." *Appetite* 100 (2016): 256–262.

9 May, Jon, Jackie Andrade, David J. Kavanagh, and Marion Hetherington. "Elaborated intrusion theory: A cognitive-emotional theory of food craving." *Current Obesity Reports* 1, no. 2 (2012): 114–121.

10 Miller, William R., Janet C'de Baca, Daniel B. Matthews, and Paula L. Wilbourne. "Personal Values Card Sort." Website of Guilford Press, updated 2011. www.guilford.com/add/miller11_old/pers_val.pdf?t..

第 4 章　練習多感官意象

1 Paivio, A. "Cognitive and motivational functions of imagery in human performance." *Canadian journal of applied sport sciences; Journal canadien des sciences appliquees au sport* 10, no. 4 (1985): 22S–28S.

2 Schuster, Corina, Roger Hilfiker, Oliver Amft, Anne Scheidhauer, Brian Andrews, Jenny Butler, Udo Kischka, and Thierry Ettlin. "Best practice for motor imagery: A systematic literature review on motor imagery training elements in five different disciplines." *BMC Medicine* 9, no. 1 (2011): 1–35.

3 Holmes, Emily A., and Andrew Mathews. "Mental imagery and emotion: A special relationship?" *Emotion* 5, no. 4 (2005): 489.

4 Henderson, Robert R., Margaret M. Bradley, and Peter J. Lang. "Emotional imagery and pupil diameter." *Psychophysiology* 55, no. 6 (2018): e13050.

5 This section is based on the work of cognitive psychologist David Marks and his research using the Vividness of Visual Imagery Questionnaire (VVIQ).

6 Hanakawa, Takashi, Ilka Immisch, Keiichiro Toma, Michael A. Dimyan, Peter Van Gelderen, and Mark Hallett. "Functional properties of brain areas associated with motor execution and imagery." *Journal of Neurophysiology* 89, no. 2 (2003): 989–1002.

7 Galton, Francis. "Statistics of mental imagery." *Mind* 5, no. 19 (1880): 301–318.

8 Andrade, Jackie, Jon May, Catherine Deeprose, Sarah Jane Baugh, and Giorgio Ganis. "Assessing vividness of mental imagery: The Plymouth Sensory Imagery Questionnaire." *British Journal of Psychology* 105, no. 4 (2014): 547–563.

9 Zeman, Adam, Michaela Dewar, and Sergio Della Sala. "Reflections on aphantasia." *Cortex* 74 (2016): 336–337.

10 Williams, Jacqueline, Cristina Omizzolo, Mary P. Galea, and Alasdair Vance. "Motor imagery skills of children with attention deficit hyperactivity disorder and developmental coordination disorder." *Human Movement Science* 32, no. 1 (2013): 121–135.

11 Debarnot, Ursula, Eleonora Castellani, Gaetano Valenza, Laura Sebastiani, and Aymeric Guillot. "Daytime naps improve motor imagery learning." *Cognitive, Affective, and Behavioral Neuroscience* 11, no. 4 (2011): 541–550.

12 McTighe, Stephanie M., Rosemary A. Cowell, Boyer D. Winters, Timothy J. Bussey, and Lisa M. Saksida. "Paradoxical false memory for objects after brain damage." *Science* 330, no. 6009 (2010): 1408–1410.

13 Crego, Alberto, Socorro Rodriguez-Holguin, Maria Parada, Nayara Mota,

Montserrat Corral, and Fernando Cadaveira. "Reduced anterior prefrontal cortex activation in young binge drinkers during a visual working memory task." *Drug and Alcohol Dependence* 109, no. 1–3 (2010): 45–56.

第 5 章　整體意象

1 Rhodes, Jonathan. "The commando's mental mutiny and mindset." *The Psychologist* 4 (2022): 54–56.

2 Rhodes, Jonathan. "Enhancing grit in elite athletes through functional imagery training." PhD diss., University of Plymouth, 2020.

3 Oettingen, Gabriele. "Future thought and behaviour change." *European Review of Social Psychology* 23, no. 1 (2012): 1–63.

4 Zenke, Friedemann, and Wulfram Gerstner. "Hebbian plasticity requires compensatory processes on multiple timescales." *Philosophical Transactions of the Royal Society B: Biological Sciences* 372, no. 1715 (2017): 20160259.

5 Rhodes, Jonathan, Karol Nedza, Jon May, Thomas Jenkins, and Tom Stone. "From couch to ultra marathon: Using functional imagery training to enhance motivation." *Journal of Imagery Research in Sport and Physical Activity* 16, no. 1 (2021).

6 Rhodes, Jonathan, Jon May, Jackie Andrade, and David Kavanagh. "Enhancing grit through functional imagery training in professional soccer." *Sport Psychologist* 32, no. 3 (2018): 220–225.

第 6 章　重置

1 Rhodes, J., J. May, J. Andrade, and R. Ramage. "Mindsets in Education" (presented at 8th Annual Pedagogic Research Institute and Observatory, University of Plymouth, Plymouth, UK, April 2019), www.researchgate.net/publication/332371437_Mindsets_in_Education.

第 7 章　應用於團隊的意象訓練

1 Rhodes, Jonathan, and Jon May. "Applied imagery for motivation: A person-centred model." *International Journal of Sport and Exercise Psychology* (2021): 1–20.

2 Rhodes, Jonathan, Karol Nedza, Jon May, Thomas Jenkins, and Tom Stone. "From couch to ultra marathon: Using functional imagery training to enhance motivation." *Journal of Imagery Research in Sport and Physical Activity* 16, no. 1 (2021).

第 8 章　常見的團隊問題（與解決方案）

1 Blanding, Michael. "National health costs could decrease if managers reduce work stress." Harvard Business School, January 26, 2015. https://hbswk.hbs.edu/item/national-health-costs-could-decrease-if-managers-reduce-work-stress.

2 Olivarez-Giles, Nathan. "Former YouSendIt CEO admits to cyber attack on the company." *Los Angeles Times*, June 28, 2011. www.latimes.com/business/la-xpm-2011-jun-28-la-fi-yousendit-20110628-story.html.

3 Lee, Woogul, Johnmarshall Reeve, Yiqun Xue, and Jinhu Xiong. "Neural differences between intrinsic reasons for doing versus extrinsic reasons for doing: An fMRI study." *Neuroscience Research* 73, no. 1 (2012): 68–72.

4 Website of the Paul Hertz Group, accessed September 13, 2022, www.paulhertzgroup.com.

第 9 章　更高層次的團隊意象

1 Maslow, Abraham Harold. "A dynamic theory of human motivation." 1958.

2 Tay, Louis, and Ed Diener. "Needs and subjective well-being around the world." *Journal of Personality and Social Psychology* 101, no. 2 (2011): 354.

3 NASA. "Arctic sea ice minimum extent," July 13, 2022. https://climate.nasa.gov/vital-signs/arctic-sea-ice/.

4 May, Jon, Emma Redding, Sarah Whatley, Klara ucznik, Lucie Clements, Rebecca Weber, John Sikorski, and Sara Reed. "Enhancing creativity by training metacognitive skills in mental imagery." *Thinking Skills and Creativity* 38 (2020): 100739.

5 Coyle, Daniel. *The Talent Code: Unlocking the Secret of Skill in Maths, Art, Music, Sport, and Just About Everything Else*. Random House, 2009.

Eurasian Publishing Group
圓神出版事業機構
用心與你對話・視野無限寬廣
先覺出版社
Prophet Press

www.booklife.com.tw　　reader@mail.eurasian.com.tw

商戰系列 239

功能性意象訓練：成功無僥倖，實現目標的科學實證法

作　　者／喬安娜・格羅佛（Joanna Grover, LCSW）、
　　　　　強納森・羅茲（Jonathan Rhodes, PhD）
譯　　者／黎仁隽
發 行 人／簡志忠
出 版 者／先覺出版股份有限公司
地　　址／臺北市南京東路四段50號6樓之1
電　　話／（02）2579-6600・2579-8800・2570-3939
傳　　真／（02）2579-0338・2577-3220・2570-3636
副 社 長／陳秋月
資深主編／李宛蓁
責任編輯／林淑鈴
校　　對／劉珈盈・林淑鈴
美術編輯／金益健
行銷企畫／陳禹伶・黃惟儂
印務統籌／劉鳳剛・高榮祥
監　　印／高榮祥
排　　版／陳采淇
經 銷 商／叩應股份有限公司
郵撥帳號／ 18707239
法律顧問／圓神出版事業機構法律顧問蕭雄淋律師
印　　刷／祥峰印刷廠
2023 年 12 月　初版

定價 420元　　ISBN 978-986-134-479-9　

在分析一個問題時，本能往往要我們去了解更完整、更精細的全貌，但我們看到什麼，取決於怎麼看。這與我們觀賞藝術、與藝術互動的方式類似，巧妙運用距離和角度有助於我們重新探究、重新詮釋自己周遭的環境。

——《變通思維：劍橋大學、比爾蓋茲、IBM都推崇的四大問題解決工具》

國家圖書館出版品預行編目資料

功能性意象訓練：成功無僥倖，實現目標的科學實證法／喬安娜·格羅佛（Joanna Grover, LCSW）、強納森·羅茲（Jonathan Rhodes, PhD）著；黎仁雋 譯.
-- 初版 . -- 臺北市：先覺出版股份有限公司，2023.12
352 面；14.8 × 20.8 公分（商戰系列：239）
譯自：The Choice Point: The Scientifically Proven Method to Push Past Mental Walls and Achieve Your Goals
ISBN 978-986-134-479-9（平裝）
1. CST：自我實現 2. CST：目標管理

177.2 112017841